有12Q的孩子有出息

—— 第2版 ——

魏子涛 编著
丁 玲

国家一级出版社　中国纺织出版社　全国百佳图书出版单位

内 容 提 要

一个优秀的孩子不仅要学习好,他在智力、学习的能力、沟通的能力、对自己情绪的调整能力、克服困难的能力、理财的能力等多方面都应当有自己的表现,这样才算是一个全面发展的孩子。

本书是一本全面提升孩子能力的书。生动形象的案例,让孩子在快乐中学到知识;通过对孩子智商、情商、德商、心商、逆商、胆商、学商、志商、灵商、财商、健商、体商等十二个方面的解析,让孩子自然而然地迈向广阔的人生。

图书在版编目(CIP)数据

有12Q的孩子有出息/魏子涛,丁玲编著.—2版.
—北京:中国纺织出版社,2019.4
ISBN 978-7-5180-5932-4

Ⅰ.①有… Ⅱ.①魏…②丁… Ⅲ.①青少年—能力培养 Ⅳ.①G421

中国版本图书馆CIP数据核字(2019)第024060号

责任编辑:闫 星　　特约编辑:李 杨
责任校对:江思飞　　责任印制:储志伟

中国纺织出版社出版发行
地址:北京市朝阳区百子湾东里A407号楼　邮政编码:100124
销售电话:010—67004422　传真:010—87155801
http://www.c-textilep.com
E-mail:faxing@c-textilep.com
中国纺织出版社天猫旗舰店
官方微博http://weibo.com/2119887771
三河市宏盛印务有限公司印刷　　各地新华书店经销
2019年4月第1版第1次印刷
开本:710×1000　1/16　印张:13
字数:218千字　定价:39.80元

凡购本书,如有缺页、倒页、脱页,由本社图书营销中心调换

序言

孩子是祖国的花朵,是未来世界的主宰者,也是一个家庭的希望。家长从孩子未出生时就开始着手计划孩子的一生,每个年龄段学什么,长大后做什么工作,往哪个领域发展……家长对孩子的教育可谓呕心沥血,而结果却没有几个是如意的。

其实,一个孩子优秀与否固然与知识储量的多少和技能掌握的深浅有关,然而这毕竟只占其中的一小部分,家长对孩子从小的教育是为孩子长大后能够轻松立足于社会而作准备,而闯荡社会,最需要的不是知识也不是技术,而是稳定的心理素质、良好的心态、高超的领悟能力、战胜困难的能力、与人交往的能力、理财的能力和健康的体魄等,也就是我们经常说的综合素质。

在条件相当的环境下长大的孩子,原始差别并不是很大,然而随着年龄的增长,往往会产生天差地别的变化,这是因为每个孩子在成长的时候各自培养起来的素质和能力是不一样的。想要孩子比别人做得更好一点,不要为孩子做好一切,而应教给孩子真正的生存智慧——12商,这12种真正有用的素质和能力,会让孩子的人生更成功。

12商(12Q)包括:智商、情商、德商、心商、逆商、胆商、学商、志商、灵商、财商、健商、体商。

智商(IQ),就是人的智力发展水平。智商=智龄÷实足年龄×100。如果儿童的智龄与实足年龄相等,则智商为100,属于中等的智力水平。智商低于80与超过120是区分愚笨与聪明的衡量指标。

情商（EQ），就是认识管理自己的情绪和处理人际关系的能力。讲白了就是如何做人。人际关系是人生事业成败的一个重要因素。

德商（MQ），就是一个人的道德品质。在现实中，很多人的失败，并非他们做事的失败，而是他们做人的失败、道德的失败。俗话说"小胜在智，大胜在德"，真正的成功者，一切工作、事业上的成就，归根结底都源于他们做人的成功。

心商（MQ），也就是心态，是维持人们心理健康、保持良好心理状况的能力。心商高的人在选择人生的方向与质量时，通常表现得自信、快乐，对自己所处的环境很快就能很好地适应并做到"如鱼得水"。

逆商（AQ），是认识逆境和战胜逆境的能力。换句话说，即能吃常人不能吃的苦，能做常人不能做的事，才能比常人更大步地走向成功。

胆商（DQ），是一个人胆量、胆识、胆略的度量，体现了一种冒险精神。胆商高的人具有非凡胆略和魄力，能够把握机会，该出手时就出手。

学商（LQ），是学习、研究能力的素质描述，也是开拓创新、积极进取、百折不挠的精神写照，是学生成才不可或缺的基本素质。

志商（WQ），就是确立人生志向和目标的能力。人要成功，首先要有追求成功的意念，小志小成，大志大成。许多人的失败并不是因为自己缺乏才干，而是志向与目标产生了距离，也就是俗话说的"高不成、低不就"。

灵商（SQ），也称"悟商"，就是一个人对人和事物本质的慎思明辨的顿悟能力。悟商是人生的一大智慧，有了悟性就能驱使我们把眼光放在意义与价值的追求上，从而在原有的基础上有所创新。

财商（FQ），就是人们理财的能力，一般是指投资受益的能力。俗

话说得好，不要做金钱的奴隶，而要让金钱为我们服务。

健商（HQ），是指：对健康的智慧与维护健康的能力。健康高于财富，切忌为了金钱而忽视对健康的维护与投资。

体商（BQ），是指一个人活动、运动、体力劳动的能力和质量的量化标准，即对体育锻炼的热心程度，以及参与运动的水平。孩子参与锻炼越早，体商的提高往往也越快，长大后越可能成为体育爱好者或运动水平较高的"体育能人"。

本书从青少年必备的12种能力和素质着手，总结出12商，如果把人生比喻为大树，这12商就是这颗大树上最壮硕的12根枝丫，只有这12根枝丫长得好，人生之树才能茁壮，才能开出灿烂的花朵、结出丰硕的果实。

每个家长都懂得"授人以鱼不如授人以渔"的道理；同样，帮助孩子强壮枝丫，比直接授予孩子果实更为重要。

青少年在成长的道路上，一定要增强自己的综合素质，均衡发展。及早完善12Q，让自己先人一步，占有优势，为更好地投身学习乃至以后参加工作打好基础。

本书在编写的过程中，得到了朱青、楼淑敏、胡琳、张久龙、陈兵、张少楠、王建生、周宴、王占成的帮助，在此对他们表示感谢。

编著者

2018年11月

目录

第1章 智商（IQ）物语：聪明的孩子会开发自己的大脑 ‖001

　　虚心请教，对你大有益处　‖002

　　要有打破砂锅问到底的精神　‖004

　　知其然，并知其所以然　‖006

　　勤于思考，你会发现求学的乐趣　‖008

第2章 情商（EQ）物语：掌控好自己的情绪，做个懂事的孩子 ‖011

　　让自己会说笑话　‖012

　　懂得控制自己的小脾气　‖014

　　乐观开朗的孩子人人爱　‖017

　　主动和大人多作沟通　‖019

　　和老师和谐相处　‖022

　　善于与同学相处　‖024

第3章 德商（MQ）物语：学着体贴、尊重、宽容、诚实、负责 ‖027

　　学会关心他人，温暖对方的同时也温暖自己　‖028

　　从小培养自己的责任心　‖031

　　用礼貌的行为表现自己的修养　‖033

　　从身边小事做起　‖036

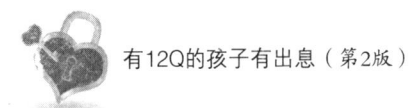

要原谅朋友偶尔犯的错 ‖038

做个谦虚的孩子 ‖041

第4章 心商（MQ）物语：轻松快乐，有个好心情 ‖045

轻松快乐度过青春期 ‖046

别让逆反情绪伤害了爱你的人 ‖048

疑心病不是你该有的 ‖051

不得不灭的嫉妒心 ‖053

正确面对困难和挫折 ‖055

突破内心的束缚 ‖058

第5章 逆商（AQ）物语：面对逆境，无所畏惧 ‖061

小挫折不会损伤你的面子 ‖062

面对挫折要学会自己扛 ‖065

彩虹是受了挫折的阳光 ‖067

轻易放弃才是失败 ‖070

只要奋斗，丑小鸭也会变成白天鹅 ‖073

微笑是慰劳自己的最好礼物 ‖075

第6章 胆商（DQ）物语：做个有胆有识的冒险家 ‖079

做个喜欢冒险的人 ‖080

不要让自己害怕 ‖082

多认识些朋友没什么不好 ‖084

做事不拖拉　‖087

少年英雄无所惧　‖089

有勇有梦有未来　‖091

第7章　学商（LQ）物语：学习也是一种游戏　‖095

找到学习中的乐趣　‖096

别拘泥于标准答案　‖099

在玩中将学习进行到底　‖101

全面发展，不当偏科生　‖104

找到适合自己的学习方法　‖106

听听我们的意见吧　‖109

第8章　志商（WQ）物语：不怕苦不怕累才能磨炼意志　‖113

懂得享受生活的快乐　‖114

做事需要耐住性子　‖116

说到做到，履行自己的诺言　‖119

让自己坚持不懈　‖121

有目标就要勇敢前进　‖123

要有顽强拼搏的精神　‖125

第9章　灵商（SQ）物语：细心观察，将潜能无限放大　‖129

从细心观察小蚂蚁开始　‖130

要的就是你的想象力　‖133

一颗清澈的心很重要 ‖ 135

要给自己信心 ‖ 137

你有没有可以说知心话的朋友 ‖ 139

要多发现每天的不同之处 ‖ 142

第10章　财商（FQ）物语：正确看待金钱，做个小小理财师　‖ 145

树立正确的金钱观 ‖ 146

第一笔零用钱买了什么 ‖ 148

压岁钱能做点什么 ‖ 150

钱不乱花，作个小计划 ‖ 153

你有自己的小账户吗 ‖ 155

控制购买欲望，克服冲动消费 ‖ 157

山区小朋友需要你的帮助 ‖ 160

第11章　健商（HQ）物语：养成良好卫生习惯才能健康成长　‖ 163

爱干净才健康 ‖ 164

爱惜眼睛，拒绝眼镜 ‖ 166

危急时刻懂得保护自己 ‖ 168

喝牛奶强壮身体 ‖ 170

最好的饮料是白开水 ‖ 172

好睡眠既强壮身体又能协助长个儿 ‖ 174

不挑食，身体才更健康 ‖ 176

第12章 体商（BQ）物语：加强体育锻炼，为身体打好基础 ‖179

不能成为书呆子 ‖180

德智体美劳全面发展 ‖182

身体是革命的本钱 ‖184

增强你的身体协调能力 ‖186

出身汗，能给你个好身体 ‖188

好身体，靠运动 ‖190

坚持锻炼，躲避病魔的缠绕 ‖192

参考文献 ‖195

第1章

智商（IQ）物语：
聪明的孩子会开发自己的大脑

清楚自己的兴趣，朝着自己的爱好发展，会让你在轻松的状态下不知不觉地走向成功。发挥自己的想象力，世界有多丰富，你的想象力就有多丰富。带着好奇心，探索未知的世界，打开一个又一个疑问。为了自己的一个个"为什么"，无所畏惧地寻找答案，你会发现，自己懂得越来越多。从小就学会锻炼自己的大脑，做一个聪明的孩子，对渴望成才的你有不可忽视的作用。学会开发自己的大脑，让自己更聪明，博学多才，在探索未知的道路上开发自己的大脑。

虚心请教，对你大有益处

案例故事

子曰："敏而好学，不耻下问。"这句名言，王琪早已能倒背如流，可是到今天，王琪才懂得，不耻下问是那么难做到！

今天上午，王琪与李娜在家中做作业，因为王琪的学习成绩比李娜要好很多，因此，王琪解题的速度比李娜快得多，在王琪做到最后一题时，李娜仅完成了一半！

也许是老天故意捉弄人，正当王琪以为就快要和作业说"拜拜"时，却被一道麻烦的题目给难住了！其实这道题目老师今天已经讲过了，只是王琪听得不太清楚，本想下课后问老师，却又怕老师说她"聪明一世，糊涂一时"。而且，最重要的是，她胆小的毛病在学校几乎是尽人皆知的。

所以，有关这类的题目，王琪都只能望洋兴叹，败下阵来。心想："这下我可怎么办呀！"忽然，她看到旁边的李娜——可以问问她呀。可又一想：不行，李娜平时学习都没有我好，这样她会笑话我的。可是没有其他的机会呀，总不能再傻傻地浪费第二次机会吧？对，去问她，向她请教！

"李娜，这最后一道题怎么做呀？"王琪终于犹豫不决地向李娜开了口。"噢！"本以为她会取笑自己一番，没想到她却认真地说道，"这题呀，是挺难的，我一开始也听不懂，后来去问老师才明白了。这

道题是这样的：你先求出这水杯的容积，再……"

"哦，我知道了。谢谢！"向她道谢之后，王琪不费吹灰之力便把这难题解决了，如释重负！李娜看着王琪轻松的表情，也不由得笑了起来。

故事中的王琪一开始因为胆小放弃了询问老师的机会，导致作业不能按时写完，后来差点又因为怕人笑话而放弃向比自己成绩差的李娜求教。

幸亏她放下自尊心，请教了李娜，不然，她何时才能学会解此题的方法呢？所以不要小看问问题，这对你大有益处。

应知应会

虚心求教，看起来很简单，就是要求大家在遇到不懂的题目和事情时不怕别人笑话，大胆地请教别人。可是，要做到不耻请教，大多数孩子心理还是有障碍的，因为各种原因放弃了请教的还是大有人在。那么，怎样克制自卑心理，做到虚心求教呢？

1.改掉胆小的毛病

有的同学看到老师就害怕，更别说请教了。其实老师平时保持威严的表情，是希望大家都认真学习，不要偷懒。每位老师都喜欢有问题就发问的学生，因为，有问题说明你是在用功地学习，不然就不会有问题。只要你问了，老师就会热心地帮助你解决问题，不但不会笑话你，还会更加喜欢你。

2.学会放下面子

"三人行，必有我师"说的就是这个意思，无论自己的成绩比周围的同学好还是不好，总有人有比你强的地方。放下面子，及时请教，这样总比你自己在那里浪费时间、想不出解题方法强得多。尽快解决掉不懂的问题，抓紧时间学习下面的题目，这样不仅学会了解题，还节省了

时间。

3.不要怕别人笑话你

每个人都有自己解决不了的问题,这是很正常的,所以不要怕别人笑话你,即使有人笑话你也没有什么,谁也不能保证他就没有问你的那一天,等到那天,你要理直气壮地对笑话你的同学说这是不对的,使他也明白虚心求教的好处。

要有打破砂锅问到底的精神

案例故事

爱因斯坦全名为阿尔伯特·爱因斯坦,是20世纪最伟大的物理学家,现代物理学的开创者和奠基人,同时也是一位著名的思想家和哲学家。

爱因斯坦来到这个世界上时,和其他的孩子没什么两样,甚至有点迟钝。他到了3岁还不会讲话,记忆力也非常差,特别苦于记课文和单词。可是,经过他的努力,还真是功夫不负有心人,他终于成为了伟大的物理学家、相对论的创立者。

在爱因斯坦4岁那年,父亲送给他一个罗盘。他发现,无论怎么转罗盘,指针仍然指向北方。他百思不得其解,就去请教父亲。父亲说:"这是一个很有学问的问题。"在爱因斯坦12岁那年,他的叔叔雅各布给他出了一道勾股定理题。他冥思苦想,终于验证了这条定理。

在爱因斯坦16岁那年,他提出了一个问题:如果人类有光一样的速度,人的眼睛会看见什么?许多人都不知道,也不理睬,觉得是个怪问题。可爱因斯坦从来都没有停止过思考,只是慢慢地去解决它。

正是他这种"打破砂锅问到底"的精神指引他成为世界著名的科学家、为物理学领域的科学研究作出了杰出的贡献。

读了爱因斯坦的故事,相信大家都深深地感受到了爱因斯坦这种"打破砂锅问到底"的精神。就算别人觉得那是个怪问题而不去理睬,他也不放弃去研究它。如果只看见他成功的一面,而看不见他的秘诀,那么这则故事对同学们也没有大的启发。培养自己打破砂锅问到底的精神,才是成功的前提。

应知应会

有了学问,人类可以上天入地;有了学问,人们可以创造财富;有了学问,人们的素养能得到提高。可是,学问从哪里来?可以从书本里获取;可以从实践中得到。不管是从书本上获取还是从实践中得到,你们都要独立思考,不断探究。凡事都要问个为什么,要有"打破砂锅问到底"的那种锲而不舍的科学态度。那么,如何培养自己打破砂锅问到底的精神呢?

1.抓住一个问题不放

科学家牛顿坐在大树下纳凉,一个苹果掉落在他的头上,他寻思:苹果为什么不往上飞而要朝下掉呢?经过长时期的研究,牛顿终于发现了著名的"万有引力定律"。发明家瓦特看到水壶里的沸水不停地冲顶着壶盖,他想:沸水为什么有这么大的力量?经过无数次的实验,瓦特终于发明了蒸汽机。他们都是因为对一个问题执着研究,才有了后来的成就。只要心里有不明白的地方,就要抓住不放,直到弄明白为止。也许,你也能成为下一个"牛顿"。

2.不要逃避问题

在学习和生活中,必然会碰到许多弄不明白的现象或者问题。你不能把它们弃置一边而不顾，更不能不懂装懂。正确的态度是：虚心面对问题，去研究，去探索。如果这时候你不懂装懂，当然可以敷衍过去，但是这一块知识你永远都不会理解，不会明白。这是求学的大忌。

3.坚持自己的主见

大多数人由于自己的学识和见识有限，他们的理解能力也是有限的，所以其发表的意见和见解往往会对你造成一定的误导。这时候，一定要坚持自己的主见，除非你能确认自己真的错了，否则不要轻易改变你的主见。

知其然，并知其所以然

案例故事

李宁11岁了，刚升入五年级，进入高年级的他面临的是升学的准备。李宁的数学成绩总是不稳定，忽高忽低，父母很着急，怕影响他的升学。可是李宁这个孩子学习很自觉，按时上学，按时完成作业，有不懂的题目就向老师和家长请教，所以父母也找不出他学不好的原因。

为了确保李宁升入重点中学，妈妈给他请了一位家教王老师，专门辅导他的数学。王老师是重点大学的学生，每个周末的晚上，王老师都来给李宁辅导数学。在辅导过程中，王老师发现，李宁能很快掌握方法，并解答完课后的练习题，可是，过几天再练习的时候，有的题目他就忘记了解题方法。

王老师想了个办法，他让李宁给他讲一下昨天刚复习过的几道数学题，看看李宁对题目的理解情况。李宁在纸上按照公式的前后，一个步

第1章 智商（IQ）物语：聪明的孩子会开发自己的大脑

骤一个步骤地写了下来，至于为什么要这样解，他讲不出来。

他说："我是根据你昨天的步骤写的，至于为什么这样解题，我也说不出个所以然来。"王老师听了笑笑说："这下我找到你数学学不好的原因了，老师教给你的解题方法都是有根据的，而你最应该掌握的是这样解题的原因。要多问几个为什么，要学会知其然并知其所以然。明白解题的方法，还要理解为什么要这样解题，多问自己几个为什么，这样才能真正掌握。"

李宁说："哦，我明白了，难怪我老是记不住解题的方法，就是因为我还没有真正理解，所以容易忘记。谢谢王老师的提醒，我会在学习上改掉这个坏习惯的。"

后来，在王老师的帮助下，李宁学会了在学习中不仅知其然也知其所以然。久而久之，他的数学成绩在班级里遥遥领先，其他功课也有了不小的进步。

李宁在学习中遇到的问题，大多数同学都遇到过，只是有的同学悟性高，自己就找到了原因；有的同学还需要通过这个故事，考量一下自己是否在学习上也是这样的，知其然而不知其所以然。如果有这样的情况，一定要改变自己的学习方法，不然，越是学到高年级，越会感觉学习起来十分吃力。

应知应会

"知其然，并知其所以然。"意思是说：不仅要知道事物的表面现象，还要知道事物的本质及其产生的原因。同学们在学习知识的过程中，要养成多向自己问几个为什么的习惯。这样对知识的本质和其内在的原因才能彻底掌握。掌握了内在的联系和因果才能牢牢地记住。

1.多问自己几个为什么

每道题目，总是有它的解题步骤，学习一步就应该考虑一下，为什么这样做呢？为什么不能那样做？这样一来，你不但明白了正确的过程，也了解了容易出现的问题。这样可以避免在类似的问题上出现相同的错误。如果仅仅是弄明白了为什么这样做，不明白错误的原因，那么下次遇到问题时还会犯错。

2.多问老师几个为什么

在有限的能力下，自己怎么想都想不明白时，老师会是你很好的帮手。多向老师请教，多问老师为什么这样解题，老师会很乐意为你解答。很多知识在你的询问当中被联系到一起，这对你整体掌握知识有很大的帮助。不要满足于老师解答的一个问题，要弄明白老师这么回答你的理由和根据。

3.养成刨根问底的习惯

在学习中遇到不懂的地方，要想尽办法把它弄懂，有的同学会因为长时间探索没有得到结果而灰心放弃，其实最重要的就是这个环节，如果因为你的能力有限就随便放弃，你永远都无法真正认识到知识点的实质。最可怕的是，有了这一次的放弃，以后在学习中遇到这样的情况，你还是犯老毛病，最后养成一种习惯就麻烦了。所以，要严格要求自己，每次遇到问题都坚持刨根问底，养成习惯。

勤于思考，你会发现求学的乐趣

案例故事

刚刚升入初中的李佳，对新开的历史课没有什么好感。他总是感觉

第1章
智商（IQ）物语：聪明的孩子会开发自己的大脑

老师每次上课都在不停地讲何时何地何人做了何事，然后这个事情在中国历史上起了什么作用。慢慢地，李佳感觉很乏味，对历史课失去了学习的兴趣。

有一天，在历史课上，张老师在台上讲三国时期发生的重要事件，李佳没有耐心听课，而是自己在下面看起了小说。他正看得津津有味时，被讲台上的张老师发现了，他走下讲台，到李佳桌前，拿起了李佳手里的书说："我看看你看的什么好书，能胜过历史对你的启发。原来是古龙的《陆小凤》，你宁可研究武侠小说，都不研究一下历史。中国的历史悠久，多读一些历史故事，对你很有益处的。"老师也没有责怪李佳。而是讲了三国时期的刘备、曹操、关羽和诸葛亮的个性对战局的影响，这些是教科书上没有的情节。李佳听着听着，对历史有了点兴趣。

放学后，做完作业，他拿起爸爸书柜里的历史书看了起来，慢慢地开始思考不同历史时期格局的形成原因，还有与关键人物的关系。在思考中，他不知不觉地将历史中的年代、人物、事件和意义清楚地记在脑子里。

结果，最初他最讨厌的历史课，却成了他的强项，每次都考班里的第一名。他对历史勤加思考后，不仅对学习产生了兴趣，还提高了学习成绩。真是其乐无穷呀！

故事里的李佳在对历史故事的思考中，不仅培养了自己的兴趣，还取得了优异的成绩，可谓一举两得。这是赐予勤于思考的同学的"礼物"。如果在学习中只是一味听课和看书，估计书外蕴藏着的道理和细节你永远也挖掘不到，永远都是老师给你多少你就"吸收"多少，不会有超出书本的体会，更不会体验到学习的乐趣。

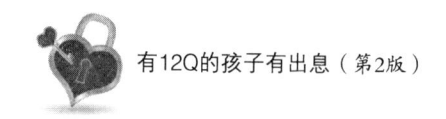

应知应会

对任何问题都应勤加思考，即使是书外的知识，只要能激发起你的兴趣，就不要放弃。有时候，课本中乏味的知识会让你对学习产生厌倦。如果学会思考，那么书中的知识会带着你走向更广阔的境地。了解到更多书本中没有的知识，提高自己在学习中的探索能力，你会享受到学习的乐趣。那么，怎样思考才能获得更多的乐趣呢？

1.将书中的知识运用到生活中

在学习中，你只是在书本中获得了有限的理论知识，如果将书本中的知识通过思考利用到平常的生活中，你不但会对知识加深理解，还会对学习产生浓厚的兴趣。因为学以致用才能体现出学习的目的，如果只学不用，那么就失去了学习的必要性。

2.将生活中的知识联系到课本中去

在现实社会中，有很多的知识与书本中学习的知识有关联。如果你细心一些，将生活中的知识与书本上的知识联系起来，你就会发现求学的乐趣。比如，在丈量土地时可以联系到数学中的公式和概念，买菜的时候也可以用到数学知识，天气的变化可以联想到物理学中的气流的知识。

3.思考的方向和角度要尽可能灵活多变

在课本中看似平常的一句话，换个角度或方向思考一下，你会进入不同的领域，在新的领域里，你会发现许多新奇的东西。你会产生对新的知识的探索，这样不仅会开拓你的思维，还会使你对学习产生兴趣。比如，通过历史故事，你会了解到某政治人物做了什么事、对历史发展产生了什么影响，反过来，思考一下这位政治人物为什么这样做，你会获知得更多。

第2章

情商（EQ）物语：
掌控好自己的情绪，做个懂事的孩子

掌控好自己的情绪，做个懂事的孩子，并不容易。学会和学校里的老师、同学友好相处，主动和他们交流，与他们产生浓厚的感情。要学会做一个幽默的孩子，遇到事情还要懂得控制自己的情绪，不乱发脾气。积极乐观地对待，开朗大方才惹人爱。掌控好自己的情绪，从小就这样训练自己，严格要求自己，对你是非常有帮助的。即使做起来很困难，也要提醒自己，这样是为了自己好。坚持下来才有胜利的希望。相信你一定可以做一个懂事的孩子。

让自己会说笑话

案例故事

小龙是班级里的开心果，他总是有很多的笑话和脑筋急转弯，在课间休息的时候就讲给同学们听，同学们也很喜欢小龙给他们讲笑话和脑筋急转弯，所以他的座位周围总有很多的同学，总是传来阵阵的笑声。

毛毛是个性格内向的孩子，在班里总是言语不多，就连上课回答老师的提问时也是小声地回答。每当他看到小龙周围有很多同学并传来阵阵笑声的时候，就特别地羡慕，希望自己也能像小龙一样开朗一点，有更多的同学愿意和他说话。

这天中午午休的时候，小龙又在给同学们讲脑筋急转弯了，他问大家："什么叫黑吃黑？"大伙都面面相觑，都不知道，小龙说下节课下课的时候再告诉大家，就这样卖了个关子。体育课的时候，大家都在讨论小龙的脑筋急转弯的答案，刚下课，大家就把小龙围了起来，让小龙公布答案，小龙这才神秘地说："答案就是，黑人吃黑芝麻糊。"他的声音刚落，大家就发出一阵笑声。

站在一旁的毛毛也忍不住笑了起来，回到家还在想小龙讲的脑筋急转弯呢，妈妈问他有什么高兴的事情，毛毛把小龙讲的脑筋急转弯跟妈妈讲了一遍，妈妈也乐了。妈妈看到毛毛笑得那么开心，就跟毛毛说："毛毛，我不是给你买了很多的笑话书和脑筋急转弯的书么，你也可以

第2章
情商（EQ）物语：掌控好自己的情绪，做个懂事的孩子

给你的同学们讲啊！"

毛毛说："我不敢，我怕同学们不愿听我讲。"

妈妈说："不要怕同学们不愿听，关键是你愿不愿意讲出来，你试一试，好不好？"

毛毛答应了妈妈，从那以后他也会和小龙在一起，给同学们讲自己看到的笑话和脑筋急转弯，慢慢地，毛毛的性格开朗了很多，也愿意在同学们面前说说笑笑了。

毛毛开始的时候很内向，也不愿在同学们面前讲什么笑话和脑筋急转弯，后来在妈妈的鼓励下，逐渐克服了心里的胆怯，也开始在同学们面前讲笑话和脑筋急转弯了，人也变得开朗了。其实，孩子们在上学的时候就是应该开朗一点，爱玩是孩子的天性，要和同学们融为一体，要记得和同学们是一个团体的，给自己加加油，变得开朗起来吧！

应知应会

1.要多积累笑话素材

不要小看笑话的威力，如果在你不开心的时候有人给你讲了一个笑话，你会马上笑出声来，自然也会有个好的心情了，坏的情绪马上就飞得远远的。所以，你要在平时积累更多的笑话，在下课的时候不要吝啬，讲给你的同学听，让大家都有一个好心情！

2.笑话要符合具体的环境

作为学生，你在学校讲笑话或者是脑筋急转弯的时候要符合学生的身份，还要符合当时的具体环境。如果在一个紧张的环境下，有人讲了一个使人放松的笑话，效果就会非常好。如果在一个紧张的环境下，有人讲了不合时宜的笑话，效果自然不会好，也就很难发挥笑话的作用。

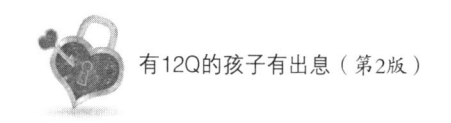

3.讲笑话的时候要设悬念

会讲笑话的同学，在讲笑话的时候，配合表情、肢体语言和悬念，让人一听就很容易陷到他所描述的情境中，自然会觉得他很会讲笑话。所以，你在讲笑话的时候也要配合自己的表情和肢体语言，再加上一个小小的悬念，就更加完美了。

学习的过程总是枯燥的，所以，不妨在课后放松一下，讲一些笑话和脑筋急转弯让大家笑一下，把上课的紧张和枯燥都一扫而光！快去看看笑话书和脑筋急转弯的书吧，让自己笑对每一天。

懂得控制自己的小脾气

案例故事

丽丽是个娇生惯养的小公主，在家里的时候总是动不动就耍小脾气，爸爸妈妈一说她，她就哭个没完，真是让爸爸妈妈头疼。可他们就这么一个宝贝女儿，只好就这么惯着她。

有一天，丽丽早早地写完了作业，看见妈妈正在阳台上晾衣服，于是她提出要给妈妈画张素描，妈妈同意了，坐在转椅上，摆好了姿势。画着画着，丽丽发现了一个问题，就是脸型有点歪，越改越难看，这时丽丽发现，自己画一会儿妈妈就动一动，她心里很生气：本来画画就着急，妈妈还干活，怎么能画好呢？于是她把画板扔到了地上。

"丽丽，你怎么了？为什么不画了？"妈妈看了看扔在地上的画板，又看了看生气的丽丽，问道。

"你老是动，我还怎么画呀！"丽丽生气地说道。

第2章
情商（EQ）物语：掌控好自己的情绪，做个懂事的孩子

"画不好也不要着急啊，有点耐心不就画好了？"

"就您这样，我还怎么画下去呀！"

丽丽和妈妈的争吵声越来越大，把爸爸也引来了。爸爸看着丽丽和妈妈都气呼呼的样子，把妈妈给劝走了，坐在丽丽旁边的椅子上，说道："丽丽，不要着急，画不好可以继续画，怎么可以跟妈妈顶嘴呢？记住，以后遇到问题的时候不要把责任推给别人，要分析问题，在自己身上找原因，这样才是一个大孩子应该有的表现啊，你说是不是？"

丽丽似懂非懂地点点头，爸爸给了丽丽一个鼓励的微笑后，就走出了她的房间。晚上，丽丽一个人躺在床上，想着爸爸说过的话，觉得应该给妈妈道歉。可是，怎么道歉呢？最后丽丽决定写封信，上面写道：妈妈，对不起！我不应该和你吵架，我要做个大孩子，请您原谅我好吗？第二天早晨，她偷偷地塞给了妈妈。妈妈看完之后笑了，说："没关系，我也有错啊，咱们都互相原谅吧！"

从那以后，丽丽再也不发小脾气了，爸爸妈妈都说她变得更加懂事了。丽丽刚开始爱乱发小脾气，和妈妈发生了不愉快的"画像事件"后，爸爸耐心地教育了丽丽，让她做个大孩子，丽丽想明白后主动给妈妈道了歉，获得了妈妈的谅解，后来就慢慢地改掉了自己爱乱发小脾气的毛病。爸爸妈妈都说丽丽是个大孩子了，知道体谅爸爸妈妈了，是个懂事的孩子。

其实每个孩子的身上或多或少都有点小脾气，只要自己多多注意，就能够彻底地改掉，让我们都改掉自己的小脾气吧！

应知应会

1.**懂得与他人沟通**

无论在什么时候，人与人之间都是需要沟通的，有了沟通为前提，一切的问题才能够迎刃而解。像故事中的丽丽，她向妈妈发小脾气之前并没有向妈妈提出让妈妈不要晃动的要求，而是直接扔了画板和妈妈发生争执，这样是非常不好的。如果一开始丽丽就好好地跟妈妈说，也就不会有后来的不愉快的争执发生了，所以，沟通是非常重要的。

2.要从自身找原因

这是非常重要的一点，故事中丽丽的爸爸告诉她，在出现问题的时候，应该先从自身找原因，看是不是因为自己的问题而引起了不愉快的事情。我们在学习和生活中也一样，如果和同学或者父母发生了不愉快的事情，要仔细地分析问题，看是不是自己的原因，不要把责任都推给别人。

3.懂得及时道歉

懂得道歉的人总是可以得到更多的朋友，如果一个人连最基本的道歉都不会，那么他的身边一定没有多少朋友。你在学校的时间大约是一天中的一半，每天和同学们在一起，势必会发生一些小的摩擦，在发生这些小的摩擦之后，如果是你错了，应该主动向对方道歉，争取对方的谅解。同学之间就是应该大度一点，这样才能增进友谊的发展。

如果在学校与同学发生不愉快的事情，一定要学会控制自己的小脾气，在发脾气之前默数到三，再来说话，不要让一时的气愤破坏了与同学之间的友谊。要逐渐改掉自己的坏毛病，体谅别人，做个懂事的孩子！

第2章
情商（EQ）物语：掌控好自己的情绪，做个懂事的孩子

乐观开朗的孩子人人爱

案例故事

美国有一个普通的家庭，家里有两个孩子，兄弟两个虽然长得很像，但性格迥然不同，一个很乐观，一个很悲观。乐观的孩子说服了父母让自己去送报纸，每天骑个小自行车风雨无阻地给别人送报纸，把赚来的钱和家人一起分享。悲观的孩子总是整天在家，也不愿出去走动。所以，乐观的那个孩子总是有很多的小伙伴叫他出去玩，悲观的那个孩子则没有几个小伙伴。

他们的父母希望他们两个可以互补一点，性格能稍微改变一些。父母觉得乐观的孩子会把自己的乐观传染给悲观的孩子，让悲观的孩子能够乐观一点，但事实上并不是这样，在性格上他们各自都没有影响到对方。于是，父母想了一个办法，就是把两个孩子锁进了两间不同的屋子，把乐观的孩子锁进一间堆满马粪的屋子，把悲观的孩子锁进一间摆满了玩具的屋子。

一个小时过去了，父母打开了两间房门。悲观的孩子坐在摆满玩具的屋子里的角落，一把鼻涕一把泪地在哭泣，父母问明了原因，原来他不小心把玩具弄坏了，很害怕父母会责备自己。当父母走进堆满马粪的屋子的时候，却看见乐观的孩子正在兴奋地用一把小铲子铲着马粪，把马粪堆成了堆，看到父母来了，他高兴地叫起来："爸爸，这里有这么多的马粪，一定也有一匹漂亮的小马，我要把这些马粪都堆在旁边，铲出一块干净的地方，这样小马就有睡觉的地方了！"

这个从小乐观的孩子就是后来的美国总统里根，他从报童到好莱坞的明星，再到州长，直至当上了美国的总统，他乐观的性格起着很大的

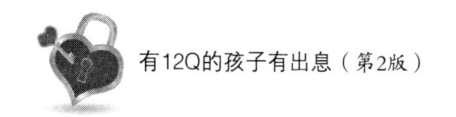

作用。

乐观的孩子在看见堆满马粪的屋子的时候，会联想到有马粪就会有漂亮的小马，就会动手把马粪堆在墙角，让小马有活动的地方。悲观的孩子在摆满玩具的屋子里，虽然很开心，但在不小心弄坏了玩具的时候，会因担心受到父母的责备而哭泣。不同的性格决定了人们在遇到事情时候的表现。

乐观的孩子看窗外的天空是晴空万里，悲观的孩子看外面的天空是乌云密布。即使孩子天生不具备乐观的性格，也可以去培养他的乐观的品质。那么，怎样去培养孩子乐观向上的心态呢？

应知应会

1.学会控制自己的情绪

情绪在一定的程度上控制着自己是乐观还是悲观的，所以，你一定要学会去控制自己的情绪。如果在学校里因为同学弄脏了你心爱的漫画而向同学发脾气，那么坏的心情也会一整天和你在一起。在下一次，你就不愿再把自己的漫画书拿到学校和同学们一起分享了，你会担心会不会有别的同学把它弄脏或者是弄丢了。所以要学会控制自己的情绪，不要随便向同学发脾气，漫画书脏了还可以看，但友谊一旦失去了就不那么容易再回到以前了。

2.让孩子自己管理自己

自己管理自己，就是自己去制订一些可行的计划，树立一些实际的目标，在努力实现的过程中增加自己的自信心，这样一来，在面对别的事情的时候，就会有"我可以做到"的乐观态度；在以后遇见难题的时候，也不会胆怯，不会担心自己是不是能够很好地完成，而是有足够的信心去实现目标。

3.保持一颗平常心很重要

乐观的人可以坦然地接受和面对一切成功与失败。你要自己去接触更多的事物，见得多了，心胸自然开阔了，悲观的情绪也就不容易产生了。用平静的心态去对待，如果在考试中发现自己在前段时间中没有好好学习，没有完全掌握老师教的知识，那么就应该更加主动地去学习，不要有过分失落的情绪，保持一颗平常心，理智地看待生活和学习上的一些问题。

乐观是一种性格倾向，能让人看到事情比较有利的一面，期待更好的结局。有些孩子天生比较乐观，有些孩子则相反。如果自己不是那么地乐观，那么一定要培养自己的乐观精神。乐观的孩子人人爱，让自己变得更加乐观吧！

主动和大人多作沟通

案例故事

小雯是个性格开朗的女孩子，可是自从上了初中后，她就不喜欢在家里说话了。以前上小学的时候，她一回到家就开始跟爸爸妈妈说今天在学校发生的事情，谁谁谁上课的时候没有回答上老师的问题，谁谁谁今天讲了个笑话让大家都乐疯了……即便只是班级里的小事，也足以让小雯回到家里和妈妈说上一阵子。

妈妈有一天在吃饭时跟小雯说："小雯长大了，就和爸爸妈妈都疏远了，也不爱在家里说班里的事情了。"说完还微笑着看了看小雯。小雯笑了笑没有吭声，吃完饭就去卧室写作业了。

第二天，小雯上学之后，妈妈发现在她卧室的床头放了一本日记本，小雯夹了张小纸条，上面写着：妈妈，我们以后就用这个日记本进行交流吧！

说是日记本，也不是日记本，因为小雯和妈妈都不写今天做了什么、见了谁之类的，她们都会把当天遇到的快乐或者是伤心的事情写上去，让对方来分享或为自己排忧解难。妈妈会把小雯当作一个大人，把她上班遇到的事情都写一写，小雯则会把妈妈当作自己班里的好姐妹，把自己的小秘密写给妈妈看。

靠着这样的交换心情，妈妈了解到小雯这个年龄段会遇到什么样的问题，也会从侧面去启发小雯怎么去解决这些问题，让她更加懂事。小雯刚开始的时候还觉得挺别扭的，总是像应付差事一样随便写写，后来她发现了妈妈是把她当作大人来对待，于是开始把自己的事情像以前一样告诉妈妈了。慢慢地，她和妈妈建立了相互信任的母女关系。

后来小雯的班级开家长会，有很多的家长反映自己的孩子不愿意跟自己交流，小雯妈妈就把自己和小雯的这种交流方法告诉了别的爸爸妈妈，别的同学的爸爸妈妈很是喜欢，都想回家去也和自己的孩子这样交流。

小雯在上了初中以后就不愿意和爸爸妈妈说班级里的事情了，时间长了不交流，自己有什么想法、遇到了什么样的问题父母也不知道，在和父母沟通的时候就特别容易产生分歧，这样是不好的。小雯在刚开始和妈妈进行日记交流的时候，是有所保留的，后来她感觉到了妈妈的真诚，很信任妈妈，于是放心地和妈妈进行一些问题的交流。

每个孩子在某个时间段内都不愿意和自己的父母交流，有些问题是自己解决不了的却仍然不愿意和父母沟通，孩子应该多和自己的父母进行交流，有什么想法和问题要及时和父母说明，以得到他们的解答和帮助。

应知应会

1. 告诉妈妈今天你遇到了什么

你应该还像小学的时候那样,每天回家以后依然可以叽叽喳喳地告诉妈妈今天在学校里遇到了些什么事,这样妈妈才可以及时地了解你今天的思想动态,帮助你学会正确地处理生活中遇到的问题,同时通过语言把其储存于你的头脑之中,在下次遇到类似的问题时,你就能很好地解决了。

2. 不要和父母产生思想上的代沟

很多时候我们不愿意把自己的事情告诉父母,是因为觉得父母的思维方式已经不能理解我们了,还要说我们不懂事,由于自尊心受到打击,就不愿意和父母进行沟通了。你应该多和父母交流,让他们理解你的想法,告诉他们你心里是怎么看待一些事情的,以得到他们的理解与支持。因为以后的路还是要我们自己去走,父母不可能时时在我们身边帮助我们解决问题。

3. 把爸爸妈妈当作朋友

你可以把爸爸妈妈当作自己的朋友,朋友之间可以无话不谈。在与父母交流的时候,要注意掌握分寸,你可以讲一些同学身上或者自己在马路上看到的搞笑事情,拉近与父母之间的距离,与父母在一种很融洽的气氛下进行交流。

你遇到的事情和问题远没有父母经历过的多,在很多时候,你遇到问题时会不知道怎样去解决才是最好的,所以你应该多和父母去交流,让他们出主意,帮助你去解决问题。自己拿不定主意的时候一定要及时向父母求助,他们是爱你的,一定会帮助你变得更加成熟和理智。

和老师和谐相处

案例故事

著名的物理学家、化学家玛丽·居里夫人,一直对她的法语老师欧班女士怀有一种深厚的感情。

居里夫人成为科学家之后,给她的小学老师欧班女士写了一封信。欧班老师在收到挂号信之后,难以相信这封信是寄给自己的,一位举世闻名的科学家,怎么会给她一个普通的小学老师写信呢?欧班老师读完信后,泪水夺眶而出。

原来,写信的玛丽·居里就是二十年前的学生小玛丽。在信中,居里夫人向欧班老师表达了自己对她的敬意,还寄上了往返的路费,希望欧班老师去她家做客。

久别的师生见面了,居里夫人在家里招待了这位欧班老师,她亲自下厨做菜,向老师敬酒,表达了自己这么多年来一直存在心里的默默的想念和祝福,欧班老师觉得特别幸福。

原来,欧班老师在居里夫人小学的时候是教法语的,她的教育让居里夫人从小就打下了良好的法语基础,所以居里夫人一直很感谢欧班老师在小学时候对她的栽培。

1932年5月,华沙镭研究所建成了,作为赞助人的居里夫人愉快地接受了来自祖国的邀请,去华沙参加了开幕典礼。开幕典礼那天,华沙的著名人物都簇拥在居里夫人的周围,他们中间有共和国的总统和部长们。在典礼快要开始的时候,居里夫人突然从主席台上跑了下来,穿过捧着鲜花的人群,来到一位坐着轮椅的老年妇女面前,深情地握住了她的手,并把她推向主席台。原来这位坐轮椅的人就是欧班老师,她已经

八十多岁了，见到这样的场景，所有的人都为居里夫人鼓掌。幸福的眼泪挂满了老人的脸颊，她的学生在成为世界级的科学家之后还是这么尊敬和热爱她，这令她十分感动。

居里夫人因为自己在小学的时候是欧班老师的学生，欧班老师教过她法语，在她学习法语的时候给予了她极大的鼓励和帮助，所以一直对欧班老师怀有感恩。就算是自己成为科学家之后，也还是一样地尊敬和爱戴自己的老师，并为她寄上了往返的路费，邀请她来家里做客。

你在学生时代也会遇到属于自己的老师，也有很多老师是在你的成长和学习的道路上帮助过你的，你应该和老师好好地相处。那么，你应该在和老师的相处中注意些什么呢？

应知应会

1.尊敬老师

每位老师都把自己知道的知识毫无保留地教给了学生，他们所希望看到的，就是自己教的学生取得很好的成绩，希望自己的学生成才。所以你们一定要尊敬老师，见到老师要主动、有礼貌地向老师打招呼；在上课的时候认真地听讲，不要去破坏课堂的正常秩序；认真地学习和完成老师布置的作业，尊重老师的劳动成果。

2.勤学好问

老师给大家的印象是喜欢学习好的同学，学习好的同学有个让老师非常欣赏的特点，就是他们都是勤学好问、虚心求教的。学生在向老师问问题的时候，也会增加和老师的交流，无形之中缩短了和老师之间的距离。你们是学生，学生的首要任务就是学习，不要觉得向老师问问题是多么难以启齿的事情，在学会学习的同时也要学会和老师相处。

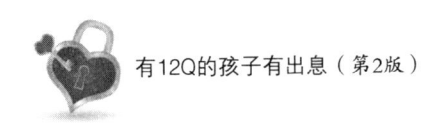

3.犯了错勇于改正

可能你们在学习或者在课间的时候犯了错,明明知道是自己错了,但老师一批评,你们心里就很不服气,嘴上也不愿说出来,于是和老师闹得很僵。其实老师并没有要为难学生的意思,只是学生犯了错就要指出来,这是他们的职责,他们也希望自己的学生就像自己的孩子一样,只要勇于承认自己的错误,老师是会原谅我们的。

你们在学校的时候,除了和同学相处的时间最长以外,就是和老师的相处了,所以一定要和老师融洽相处,这样你们才不会厌倦校园和学习。和老师的关系处理得融洽,既可以促进你们的学习,也可以让你们学到很多做人的道理,让你们受益无穷。所以你们要尊敬老师,要勤学好问,这样老师也会很喜欢你们,很乐意教你们更多的课堂以外的知识,这对于你们来说难道

不是一举两得的好事吗?

善于与同学相处

案例故事

明明的妈妈去给他开家长会,老师说要让孩子多注重和其他同学的交往,还举了两个例子说明了和同学们的相处是多么重要。

同学甲过去是个非常孤僻的孩子,不喜欢和别的同学交往,一下课就一个人坐在位子上看书,回到家了也不愿和父母交流,在学习上遇到问题也不敢向老师请教,也不愿请别的同学帮助自己,结果在学习上越来越吃力,无论自己怎么努力,成绩总是上不去。后来,经过心理辅导

老师的帮助和指导，同学甲知道了必须克服自己性格上的弱点，主动和家长、老师以及同学交往。后来他开始渐渐地尝试和同学们交往，也慢慢地敢向老师去请教问题了，逐渐变得开朗起来，学习成绩也有了很大的进步。

同学乙刚开始的时候是个非常开朗的学生，后来因为他的父母离异了，心里觉得特别苦闷，怕同学们看不起自己，看到同学们在讨论什么就猜疑是在议论自己。本来开朗的他渐渐变得沉默，上学和放学的时候开始一个人独来独往，也不爱说话、不爱和同学老师交流了。从此，他在上课时注意力不集中，学习成绩随之下降。在老师进行了多次的家访和耐心的教育下，他逐渐认识到家庭环境的变化是他无力改变的，懂得了要面对现实重新振作起来。老师还发动班长和学习好的同学主动给他补课，他把之前的课都补了上来，人也渐渐变得不再孤僻了，又像以前那样开朗了。

案例中的同学甲，因为自己的孤僻不愿意和同学老师去相处，学习成绩逐渐下降，在进行了心理辅导之后，认识到自己的性格是不利于与人交往的，于是逐渐克服了自己性格上的缺陷，开始敢于和同学们交往，后来取得了很好的成绩。而同学乙，因为父母的原因使原本开朗的他变得不愿意和同学们交往了；又因为猜疑同学们在背后议论自己，渐渐地封闭了自己。经过老师多次的家访和耐心的教导之后，他终于又拾起与同学交往的信心，在学习上也取得了很好的成绩。由此可见，在相处中，同学们对于彼此的影响是多么重要。因此，你们要有良好的心态去和同学们好好相处。

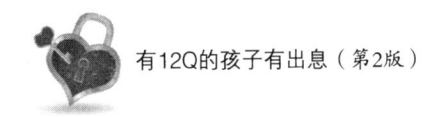

应知应会

1.关心别人

每个人都希望得到别人的关心，你在和同学们的相处中，更要去关心同学，你关心了别人，别人也会关心你，也会在你遇到困难的时候去帮助你。如果你的同桌今天来上学的时候显得不是那么高兴，你可以问问他是身体不舒服还是发生了什么事情，及时给予帮助。你们每天和同学相处的时间是很长的，所以要搞好同学之间的关系，在学习中互相帮助，在相处中共同成长。

2.接纳别人的缺点

没有人是完美的，你们要接纳别人身上的一些小的缺点，必要的时候要帮助他们改正，这才是真正的朋友。如果同学甲学习非常好，但不愿给别的同学讲解一些他会的难题，作为他的朋友，你们就应该指出他的不足，同学之间应该互相帮助，要懂得帮助别的同学一起进步。一旦在与别人的相处中指正了别人的缺点，他就会把你当作朋友，并乐意和你在一起，也愿意去关心和帮助你。

3.改变自己

同学关系不太好的话，主要是自己有一些别人不能接纳的缺点，也许自己因为学习好有点清高，这样的傲气会让别人敬而远之，所以在和同学发生不愉快的时候一定要先从自己身上找原因。改掉自己身上的毛病，能让自己身边有更多的朋友，也能使更多的同学愿意和自己相处。

在和同学相处时，可以主动和同学打招呼，可以在下课之后和同学一起结伴去买水喝或者一起去请教老师问题，这些都可以增进同学之间的友谊。要放心大胆地和同学们相处，你会发现，和同学们在一起是非常快乐的一件事情。

第3章

德商（MQ）物语：
学着体贴、尊重、宽容、诚实、负责

提高自己的德商，学着关心他人，不要计较一时的得失，帮助他人其实也是在帮助自己。自己负责的事情要有责任心，答应别人的事情最好尽自己最大的能力去完成，如果不能及时完成，也要事先告诉人家，以免让人误会你是个没有责任心的孩子。做个有责任心的孩子，对你的成长非常有意义。礼貌待人是一个人的修养的体现，如果你是一个有礼貌的孩子，大家会对你刮目相看，你也会受到别人同样的礼貌相待。

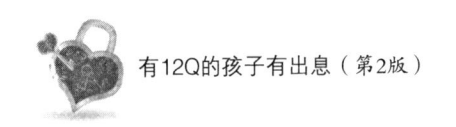

学会关心他人，温暖对方的同时也温暖自己

案例故事

王鹏是家里的独子，他就像家里的小太阳，从来都是衣来张口饭来伸手。有一次妈妈腰疼得厉害，没有及时做午饭，他回家就嚷嚷个不休。

他在学校里有个非常要好的女同桌叫小芬。一天早上，小芬手指上缠着创可贴来上学，王鹏看见了笑着问："怎么做梦吃猪蹄咬着自己的手指头了？"小芬摇摇头，可眼泪随即掉下来了。王鹏一下紧张了，可话到嘴边了还是嘴硬："瞧你瞧你，我又没欺负你。"说完故作不知地看书去了。语文课上老师要听写生字，全班同学都拿起笔和纸来准备写，只有小芬不动，老师有些严厉地问是怎么回事。王鹏一下举起手来，"老师，小芬手破了，写不了。"说完抱歉地看看小芬。老师看了一下小芬举起的右手，点了一下头。

下课之后小芬才告诉他原因，原来，昨天晚上她回家做饭，没想到一不留神把手切了一个小口，鲜血直流。妈妈白天要去照顾生病的姥姥，下午回来之后匆匆忙忙地吃上几口饭就要去上夜班。昨晚她包扎好小芬的指头、做完饭之后，就饿着肚子上班去了。

"哦。"王鹏看着小芬内疚的表情，自己有些脸红，但很快他又说，"那有什么，街上饭馆里有的是饭啊，随便买一碗就是了。"

小芬摇摇头，"可时间来不及了。"

王鹏不说话了，突然他兴奋地说："那我以后帮你做饭吧。"

"你会做吗？"小芬有些怀疑地说。

王鹏咧着嘴笑了一下："那我跟你学习学习吧，反正作业也是我学你的。"

下午，王鹏就去了小芬家，尽管他不会做饭，但洗菜、倒垃圾还是会的。并且，在小芬的指导之下，他逐渐学会了淘米煮饭。有他的帮忙，小芬做饭的速度加快了很多，有更多的时间来学习。回到家后，王鹏也学会了对父母嘘寒问暖，有时候一句关心的话语让妈妈直感叹自己的儿子是长大了。王鹏听了之后心里挺自豪的。

王鹏是个乐观的孩子，但不免存在当代独生子女的一些自私娇惯的毛病，看到小芬为自己的母亲没吃晚饭而难过，他深受触动，于是从帮助小芬开始，逐步学会去关心他人，在温暖别人的同时也温暖了自己，并与同桌在学业和人生中共同进步。

爱是人间最温暖的字眼，而我们日常对他人的关心帮助就是为了获取这种温暖，大家在彼此的温暖中才能感觉到这世界的美好与可爱。你们帮助别人关心别人，一方面为他人分忧解难，另一方面也使得自己得到锻炼、获得快乐。

应知应会

1.要学会体贴

每个人都有自己难念的经，但并不是每一个人都愿意念出来，所以，在日常生活中，你们要注意身边的人的情绪和生活状态，也许妈妈的一声叹气就是劳累的反应，同学嘟着的小嘴可能就是不高兴。这样你们才能及时伸出自己的温暖的手、送去关怀。

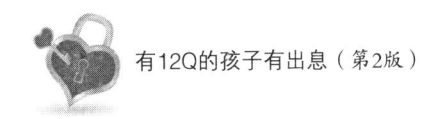

2.关心要注意方式

也许你们对身边的人留神看了听了，也注意到他们遇到困难了，可是你们不能胡乱上前表示慰问，老虎尾巴没了你不能给它找兔子的尾巴安上，关心要注意方式。王鹏喜欢开玩笑，但是头一句就纯属搞笑，后来在课堂上替小芬辩解则很恰当地缓和了局面。

3.注意把握时机

关心别人需要用心，也需要用脑。人并不是每时每刻都需要别人的关心，此刻我的作业被老师痛批了一顿，也许下一刻我就笑逐颜开了。这自然是好事，但你在我笑逐颜开的时候再来关心我，这就有点哪壶不开提哪壶了，所以关心别人也要看准时机，不要瞎操心。

4.注意适度

吃饭注意适量，关心别人也同样要注意适度。不论大事小事，别人需要你们关心，但不需要天天关心。这就像你们绝不愿意家长每天都念叨"好好学习，天天向上"一样。坚持适度是你们做事的原则，同样也是你们在学校中与朋友们相处的准则。

5.因人而异

吃米饭我们用筷子，喝汤我们要用勺子，做什么事情都是要看对象的，关心他人也是。同样在操场上摔了一跤，一个女孩也许需要问候一下，但对于一个大大咧咧的男孩来说，对他反复地叮嘱就属多余。

从小培养自己的责任心

> 案例故事

妈妈有点不高兴，儿子强强的班主任在家长会上批评儿子没有责任心。回到家，她就看见强强斜躺在沙发上看电视，再推开儿子的卧室：画笔、裤子、袜子乱扔一气。

妈妈气冲冲地走到客厅关了电视，对强强说："今天你要不把卧室收拾干净，你就甭想看电视！"

看着妈妈满脸的怒容，强强吐了一下舌头，乖乖地走进了卧室。可一到卧室看着满地的垃圾，他不禁有点发怵，这么多垃圾怎么收拾完呢？他长叹了一口气，一瞥桌子上摆着昨天从同学手中借的漫画，"算了，先看漫画再说。"他趴到床上，铺开了漫画。看着看着，就听见闹铃一响，自己设定的动画片时间到了！他一下子从床上跳起来就跑出卧室，冲进客厅打开电视，跳在沙发上。这时，"啪"的一声，妈妈把电视关上了！

"收拾完自己的卧室再说！"妈妈冷静而板着的脸上露出不容抗拒的威严。

强强低下头，走进了卧室。虽说是自己的卧室，可他一天也没有好好打扫过，书、衣服杂乱地堆在一起。强强有些泄气，可一想收拾迟了动画片就完了，他又长出一口气，拾起了扔在地上的书。书，一本一本地往书架里放；衣服，叠整齐，一件一件往衣柜里摆。最后，他拿起扫把，将地上的垃圾全都扫出卧室。再看看客厅，刚才躺在沙发上边吃边看电视，瓜子皮吐了一地，沙发上的坐垫也滑了下去，一片混乱。强强走过去，将瓜子皮扫成堆，将沙发上的坐垫摆放整齐。半个多小时后，

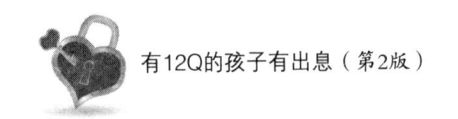

凌乱的卧室客厅一下就变得干干净净了。

爸爸回家后，妈妈指着整洁的客厅卧室说，"看看，咱们儿子打扫的。"爸爸有些惊讶地看着屋子，笑呵呵地说，"不错不错，咱们儿子长大了。"

强强听了心里美滋滋的。

从那以后强强开始主动做家务，并努力去做好。他在班里还当了卫生委员，值日的时候，凡是地上的纸屑果皮，他都捡得一干二净。老师直夸他是个有责任心的好孩子，已经是个小大人了。

强强做事虎头蛇尾，连自己的卧室都懒得打扫，在妈妈的严厉督促下才慢慢学会了主动去担当，并且在班级里也主动承担，学会了为自己负责，为班集体负责，逐步培养起了自己的责任心。

责任心关系着一个人在社会上能否成功，关系到一个人的家庭能否幸福。有责任心的人往往能够主动去担当，并在自己的职责范围内努力把自己所做的事情做好，不会在面临困难时退避三舍，也不会做事半途而废。他们所要想的就是：我要做这件事情，并且会做好它。这样的人能在做事中锻炼自己的耐心和能力，心理和心智也更为健全。

应知应会

1.做好现在正在做的事

青少年的目标应当远大，但是未来终归是现实的延展。所以，不要去想着要为国家怎样怎样，要为社会怎样怎样，你在现实学习中的努力和生活中的用心，既是对自己的负责也是对社会的负责。做好每一分每一秒的事，即是对未来的负责；做好自己的事，即是对所有人的负责。

2.勇敢地担当生活中的事

生活中你们会面临许多事，尤其在学校生活中，年少青春的你们或

许不敢做或者懒于做，如办个板报，当回班长，参加演讲比赛等。这个时候就需要你们拿出勇气来，替班级和个人去忙碌去管理去表现，集体在召唤你，同时，你也召唤出了强大的自己。

3.开了头就要坚持做下去

有的时候，责任心不仅表现为敢于去做事，更表现为持之以恒地做好。比如，强强当上班里的卫生委员后，始终如一地为班级的卫生工作负责，这才是有责任心的表现。这就需要你们在担当任务的时候作好足够的准备，开了头就不能虎头蛇尾。要有充分的耐心，去做好现在，也做好未来。

4.答应过别人的事就要坚持做到

诺言是应允别人的话，古人讲求信义，所以有一诺千金的说法。今天的你们依然需要这种美好的品质。答应借给别人的东西若只图出口轻松，答应别人做的事若临难而退，只会给人留下不好的印象。而你如果长此以往，一张嘴就只会说白话了。

用礼貌的行为表现自己的修养

案例故事

小华是个活泼聪明的孩子。父母除了教导他的学习之外，还特别注重对他素质修养的教育，因此小华懂文明讲礼貌，是个很让人喜爱的孩子。

一天妈妈带他去和朋友吃饭。临行前，小华换了一身干净整洁的衣服。

进了饭店，小华一身黑色的小西装，脚上蹬了一双黑亮的小皮鞋，显得十分体面；脖子上扎个红色的领结，一头小短发梳得整整齐齐，显得分外精神。王阿姨上前拉住小华的手直打趣，"哟，看看我们的小绅士。快来，看看我们家这位小淑女。"说着拉过身边的咬着小指头的小女孩介绍说，"这是我的女儿薇薇。"

"小妹妹好。"小华甜甜地对着薇薇一笑，小女孩头一扭身，羞得钻到了她妈妈的身后面，两家大人都笑了起来。

吃饭的时候，小华始终安静地边吃边听妈妈和阿姨聊天，不时对阿姨夹过来的菜说声谢谢。服务员端上来一盘奶油葱饼，小华乐呵呵地看着她端到了自己的前面。他正要举起筷子，忽然瞥见薇薇也眼巴巴地望着，便对服务员说："阿姨，把饼端到妹妹面前吧，谢谢！"

王阿姨忙说，"不用不用，都一样啊。"

"不一样啊，女士优先嘛。"小华一本正经地说。

听到这句话，大人们都笑了起来，王阿姨笑着捅了一下薇薇说："还不谢谢哥哥。"

"谢谢哥哥。"薇薇甜甜地说了一句，拿起一块切好的奶油葱饼站起来，然后绕着桌子跑到小华面前，放在了他的碗里。

"谢谢，薇薇可真懂事啊！"妈妈笑着夸薇薇。

"哪里哪里，跟你家儿子学的。"王阿姨笑着说。

四个人其乐融融地吃着晚餐，都觉得今晚很开心。

宴席吃饭是庄重的场合，因此，小华虽然平时爱跳爱闹，但在外出吃饭的时候为了表示对客人的尊重，仍然穿上了干净整洁的正装。在和妈妈的朋友见面时，他礼貌待人，获取了他人的认可。吃饭的时候，他先人后己，不忘对帮助自己的人说声谢谢，同时还注意应有的礼节礼仪，表现得很有教养。

礼貌是孩子们在成长时期必须学会的一种行为习惯，比起学习成绩来，它对你们的影响更加深远也更加持久，是你们自我修养最简单的体现。有礼貌、为人谦让、性格刚强、气量大度的人，从外在的人际交往来讲，会更加地受人欢迎，同时也是自我成长、心理健康和人格健全需要实现的目标。

应知应会

1.仪表打扮要整洁得体尽管你们还是孩童，但有的时候也会遇到毕业典礼、少先队入队仪式等比较庄重的场合，这时候一身庄重得体、干净整洁的衣服是你们的必备，这样既符合当时的氛围，同时也是对他人的尊重。

2.言行举止要拿捏适当

现在的同学们有时为了所谓的活泼、张扬、个性等，往往不分场合地笑啊叫啊跳啊，但是你们要知道，人是存在于集体当中的，也就是说公共场所是你的更是大家的，而且如影剧院、升旗仪式、图书馆这些特殊场所尤其需要你们保持安静不能大叫大嚷，还要注意不能大声地咀嚼食物、不能乱扔垃圾，以免对他人形成干扰。所以举止的庄重得体是对他人礼貌的表现，也是自我修养的一部分。

3.说话时要用文明用语

每一天你们都会遇到各种各样的人，无论熟悉的还是不熟悉的，你们都可能与他们有交流活动。而人类的交流主要就靠语言。因此文明得体的语言是你们进行有效交际的必需。上学对老师同学的问好，上课下课对老师提问的礼貌回答，回家之后对长辈们的问候，逢年过节对亲戚嘘寒问暖的回答；都需要你们注意礼貌、文明说话。一个话语粗俗言谈无甚品味的人注定没有良好的道德修养，也注定没有人愿意与他交往。

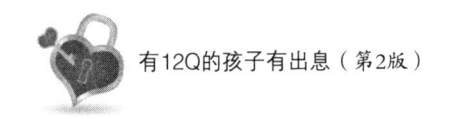

4.发生冲突时学会谦让

中华民族自来就以礼仪之邦闻名于世,而人与人之间相处讲究谦让更是几千年的传统。一个梨子,不见得你让给别人你自己就没有了,孔融即便吃了一个小梨子又能吃多大的亏呢?假若为了争一个大梨子争执起来,那岂不是更糟糕?所以,你们在学校也好家里也好,假若别人和自己的利益有了冲突,不妨让一步。你失去的只是一个梨子,而你得到的却是广阔的胸襟。

从身边小事做起

案例故事

有爱心是好事,体现爱心的方式很多,有的同学认为在重大的事情上才能体现出爱心,往往忽视了生活中的小事。其实,爱心面前无小事,事事都是大事。尽自己的力量,解决别人的小麻烦,时时处处都这样坚持下去,你同样是位有爱心的孩子。

牛牛是个小武侠迷,闲暇时喜欢看金庸的小说。小说中的英雄杀富济贫,受百姓爱戴,英雄的气概和大公无私的精神使牛牛十分崇拜,他经常幻想着有一天自己也成为救济一方百姓的大侠。

有一天中午牛牛背着书包来到教室,这时离上课还早,教室里没有几位同学,只有班长李强拿着工具修课桌,牛牛放下书包,正准备跑到教室外边玩耍,这时,班长李强对他说:"牛牛,等一下,和我一起帮同学修一下这个课桌吧,坏得都快散架了,我一个人有点困难。"

牛牛停下脚步,看了一眼班长,不屑一顾地说:"这种修理课桌的

小事你一个人就够了,我是要做轰轰烈烈地救助百姓的英雄的。"

李强听了笑笑说:"你连自己的同学遇到了小问题都不愿意伸把手,还谈什么救助百姓,百姓需要你,你又能做得了什么?"

牛牛听了很不高兴地说:"现在当然做不了什么,但是以后,等我长大了,你会看到的。"

这时在门外的班主任听到了他们的对话,笑着走进来说:"牛牛,你有这样的想法是不错,可是我们不能光想着做救助百姓的大人物啊!从现在起,从身边的小事做起,也是爱心的体现呀!而且,解决别人的小麻烦,对你这个想成为日后大人物的梦想也是一个练习。"

牛牛听了班主任的话,顿时醒悟了,不好意思地对李强说:"我来帮你修课桌吧,你一个人修太慢。"

班主任笑着离开了教室,课桌在两个人的协作下一会儿就修好了。这时,离上课没有多少时间了,同学们都陆续来到了教室,坏了课桌的女同学看到自己的课桌被修好了,感激得看着李强和牛牛,牛牛第一次接受到这样的目光,心里美滋滋的:"原来自己不做英雄也可以受人爱戴呀。"

无论在家里还是在学校里,家长和老师都教育你要做一个有爱心的孩子。从身边的小事做起,小事虽小,但是实实在在地解决了求助人遇到的困难,真实地体现了你的爱心。并且,通过一件件小事的积累,爱心也一样在壮大,你在同学心目中的形象和"英雄"没有区别。所以,在小事里有大爱,有无私的爱。那么,怎样从身边的小事做起呢?

应知应会

1.事事无小事,从思想上转变

把举手之劳的事都看作生活中的"大事"去对待,首先在思想上改变自己的态度，只要能够帮助别人，替别人解决实际的问题，就是爱心的体现。比如：同学的桌子坏了，去帮他修好；有同学忘记带水笔了，自己有多余的就借他一支用；有同学生病请假了，可以借笔记给他、帮助他补习等。这些都是生活中常发生的事情，事情虽小，可是会影响周围同学的学习，从意义上讲，不是小事。

2.培养自己的爱心"习惯"

当有同学遇到小麻烦时，及时尽自己最大的能力给予帮助。长期这样坚持下去，有一天，你会发现，关心别人成了一种本能。每当遇到这样的情况，你会不由自主地做出友善的举动。长久下去，你会成为一位有爱心的孩子。这个时候你的爱心是发自内心的、是无私的。

3.辨别"爱心"是关键

在学校里，同学们会遇到这样或那样的问题，这些问题都需要你帮助吗？要思考一下，有一个衡量的尺度，想清楚你的"爱心"举动对遇到"困难"同学的学习生活是否真的有利。比如，有同学没有按时做完作业，需要借你的抄写，这个时候，你就不能帮了，这个"爱心"对别人是没有用的。所以，辨别清楚情况再奉献"爱心"不迟。

要原谅朋友偶尔犯的错

案例故事

朋友经常在一起，一起玩耍、一起学习，彼此之间接触亲密，总会产生一些不愉快的事情。遇到这样的情况，也是正常的。首先，在这个世界上这么多的人群里，你们因为缘分走到一起，本身就是来之不易的

事情。同时，任何人都不是完美得没有一点缺点的，这是现实，要正确面对。所以说，以宽容的态度对待朋友偶尔的错误，是必要的。

马军和王海是一个班的同学，因为都喜欢踢足球，现在是一对形影不离的好朋友，每天放学，他们都会去操场踢一会儿足球再回家，所以每次回家天都黑了。两个人的家离得比较近，所以总是一起走，一路上谈天说地，直到有一人快到家才不得不分开。

可是有一天，在回家的路上，快到家的时候，在小巷里，突然蹿出两个不良青年，挡在了他们面前。这两个不良青年冷笑着让他们把口袋里所有的钱拿出来，并且说没有的话要用拳头给他们点教训。因为两个不良青年都长得魁梧高大，马军害怕得立马把身上所有的钱掏出来给了他们，可是王海今天在学校把钱花完了，拿不出钱来。不良青年以为他不想给钱，抓住王海就打，这时的马军吓坏了，愣了一下，掉头就跑了。之后，两个坏蛋因为搜不到钱，骂骂咧咧地走了。挨了打的王海忍着疼痛回到家，心里对马军的见死不救耿耿于怀。

44第二天早晨来到教室，马军见到王海，关切地询问："王海，有没有受伤，有没有去医院看看？"王海嘲笑地说："你现在知道关心我了，早干吗去了？没想到你是这样对待朋友的，看我挨打，自己跑了，告诉你，我没有你这样的朋友。"马军听了满面羞愧地说："对不起，王海，我是感觉我们都不是他们的对手，所以我跑回家找大人去了，可是，等我再回去，已经没有人影了，我就回家了，我真的不是要丢下你不管。你别这样对我好吗？"王海还在气头上，根本没有原谅马军的意思。之后，两个人再也没有一起踢球。

转眼间，一个学期结束了，元旦的班级联欢会上，马军出来表演了一个节目，节目结束后，他当着全班同学的面对王海说："王海，在我心里你一直是我的朋友,但是,由于我的懦弱,我们的关系发生了变化,这个变化,不是我想要的。希望在今天,在新的一年的开始,让我们回到从前,请你原谅我曾经犯的错。以后我会更像一个朋友的。"

王海听到真诚的道歉以后笑了笑说:"马军,其实我早都原谅你了,只是一直没有好意思开口。后来我想明白了,你没有错,是我太小气了,以后还是一起踢球锻炼身体吧。"说完就听到一阵热烈的掌声,同学和老师被王海的不计前嫌感动了。

朋友之间,没有摩擦是不可能的,还有好多事情是我们承担不了的,像故事中的马军,因为不是不良青年的对手,紧急的情况下,忘了及时呼救,导致王海被打。马军错误的营救方式给王海带来了皮肉之苦,对王海来说马军显得很不义气,所以他一开始没有办法原谅马军。不过,庆幸的是,最后王海还是原谅了马军,两人还是好朋友。要记住,如果因为朋友的一点错误就放弃友谊,估计我们周围一个朋友也没有。那么,如何原谅朋友对我们犯的错呢?

应知应会

1.多想想朋友的好

我们平时大多数时间和朋友相处在一起,一起学习、一起玩耍。有了好吃的都想着给对方留一半,有了开心的事情一起分享,有了困难互相帮助。

如果因为朋友的一个小错误就放弃友谊,那就太可惜了。这个时候,多想想和朋友在一起时朋友对你的关心和帮助,你又怎么忍心放弃友谊呢?

2.主动向朋友示好

故事里的王海其实早就想明白了,可是后来碍于情面,一直没有好

意思开口讲出来。如果同学们遇到这样的情况，可以采用一些办法主动向朋友示好，比如，自己不好意思当面讲和，可以找第三位同学去跟朋友讲；可以用留纸条或打电话的方式讲和。因为这些方法不用面对面地说话，不涉及面子问题。相信朋友也会因为理亏而与你握手言和的。

3.用你的大度宽慰朋友

即使朋友做过对不起你的事，也是有原因的，不能片面地对待。要以宽容的态度原谅朋友的错误，你的大度会感动朋友，长期下去，你们的友谊会更加牢固。人无完人，孰能无过，更何况是朝夕相处的朋友，用你的大度化解朋友对你犯的错误，用你的人格魅力去感化朋友。

做个谦虚的孩子

案例故事

"谦虚使人进步，骄傲使人落后"是经常听到的一句话，容易满足的人，缺少求知的欲望，容易产生骄傲情绪。谦虚的孩子懂得人外有人、山外有山，具有较强的求知欲。谦虚会使人学到人生经验和处世方法，而拥有丰富的经验和得当的处事方法，你离成功的人生就不远了。

1835年10月31日，当东方刚刚发白时，在柏林的约翰·佐柯白中将的家中，突然传出一阵阵婴儿啼哭的声音。约翰看着这个小生命，脸上挂满了欣慰的笑容。这个婴儿名叫阿道夫·冯·贝耶尔，他后来成为世界著名的有机化学家。现代三大基本染色素靛青、天蓝、绯红的分子结构，就是贝耶尔发现的。

当阿道夫·冯·贝耶尔10岁生日那一天，他原以为爸爸、妈妈会像其他小朋友的父母那样，为他热热闹闹地庆祝一番，可是这一天，母亲一大早就把他领到外婆家里，在那里消磨了一整天，根本没有提过生日的事。贝耶尔很不高兴，在回家的路上，一直嘟着嘴不说话，母亲见了，语重心长地说："我生你的时候你爸爸41岁，还是个大老粗。现在他51岁了，可还跟你一样，正在努力读书，明天还要参加考试。我不愿意因为你的生日而耽误他的学习，时间对他来说实在太宝贵了。你现在还小，也要学会珍惜时间。"

母亲的话语，如雨露一般，点点滴滴滋润着贝耶尔幼小的心田。后来他回忆道："这是母亲送给我10岁生日的最丰厚的礼品。51岁的父亲都在努力学习，我应该向父亲学习。"

贝耶尔在大学读书时，有机化学家贾拉古教授的名字传遍了德国。不过，那时这位教授还很年轻。一些科学界人物总是提出这样或那样的问题挑剔他。有一天，贝耶尔和父亲在一起闲谈，提起了贾拉古教授。贝耶尔说："贾拉古只比我大6岁……"言外之意是这个人并没有什么了不起。

父亲听了很不满意，他对贝耶尔说："只大6岁怎么样，难道就不值得你学习吗？我读地质学时，老师的年龄比我小30岁的都有，我一样恭恭敬敬地称他们为老师，认认真真地听他们讲课。你要记住，年龄和学问不一定成正比。不管是谁，只要有知识，就应该虚心向他学习。"在父亲的训斥下，他顿时明白了自己的不对，从此虚心学习，最后成为了著名的有机化学家。

贝耶尔在父母亲的熏陶下，从小就懂得了虚心求知的道理。大学时，学习优异的他对贾拉古教授表现出藐视，在父亲的教诲下又重新意识到了自己的不足，并且及时改正，从此以后更加虚心学习，这才有了

后来了不起的成就。贝耶尔的故事说明,谦虚对同学们的成长非常有益,那么怎样才能成为谦虚的孩子呢?

应知应会

1.在学习中多向别人请教

青少年时期,是求知的最佳时期,而知识是改变命运的最佳途径。首先应该明白学无止境,把知识比作海洋是有道理的,想一想浩瀚的海洋,无边无际,知识也同样如此,所以学到一些知识就骄傲自满是不可取的。虚心向老师、同学请教,每位同学都有自己的强项,有数学学得比你好的,也有英语学得比你好的,他们都是你请教的对象。

2.在生活中学会礼让

在生活中与朋友、亲人相处时,应虚心学习他们身上的优点,取他人的长处弥补自己的短处,比如,他们身上的坚强、勇敢是你所不具备的,那么,就加强自己这方面的锻炼。如此一来,你也同样会变得坚强、勇敢。在生活中谦虚地面对每位朋友,他们会因感觉到你的虚心而更加喜欢你。

3.在交际中保持低调

在人际交往中,如果过于强势,势必拒人于千里之外。即使你想和同学们一起玩,大家也不会接纳你。所以,低调一些,这样才能和同学、朋友打成一片,才能有良好的人际关系。这对于学习和生活有莫大的帮助。

第4章

心商（MQ）物语：
轻松快乐，有个好心情

　　拥有一个健康快乐的心态，能帮助你快乐成长。每个孩子在青春期都会有叛逆的情绪，这时的你要学会控制自己，别让自己的情绪伤害爱你的父母和朋友，这样做不值得。消除自己对别人的疑心，即使这个人他成心要欺骗你，你也可以发现以后告诉他，你是不会上当受骗的，让他对你的警觉有所了解。如果你一直对别人抱有疑心，别人感觉到了，会对你感到失望的。与其嫉妒别人比你强，不如让自己努力超过他，笑到最后的才是赢家，嫉妒只能让你的心情更差，没有其他益处。突破自己内心的束缚，学会为别人喝彩，有了开心的事就大声笑出来，让自己轻松快乐地成长。

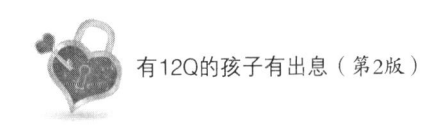

轻松快乐度过青春期

案例故事

中秋节的时候,小静和爸爸妈妈去姑妈家吃饭,表姐比她大一岁,正在读高一。表姐学习很好,获得了很多奖状,让小静羡慕不已。

家里人吃饭的时候总免不了聊一些家务事,席间爸爸跟表姐说:"茵茵,你什么时候把你的美文放到博客里让我们一睹风采?我之前在你的博客里看见了一篇你写的东西,文笔很好,但怎么觉得很消极啊,不像你这个年龄段的孩子写的。"

姑妈连忙接过去了,说道:"就是,她老师也是这么说的,她文笔蛮好的,可能是书里美好的东西看得多了,现实中的一些东西没有书中的美好,致使写的东西挺消极的。"

表姐听了说:"你不懂!"

姑妈不高兴了:"我不懂,你懂!妈对你付出这么多,你现在反倒说我不懂了?"

表姐没有吭声,姑妈又继续数落:"她这人就是怪啊,放暑假的时候我专门请了假回家陪她,她却让我回去上班。换成别的孩子,早都高兴死了。"

爸爸插了一句:"是不是你对她的干涉过多了呢?"

"根本就没有,她在她的卧室里看书,我从来不进去打扰的。"姑

妈委屈地说，"你们不知道，她的脾气臭着呢，我在家里陪她，给她做饭，她还不领情。"

"好好的班不去上，我自己会做饭！"表姐又嘀咕了一句。

这场母女争执让母女都泛起了泪花。回家的路上爸爸跟小静说："过多的母爱总是让孩子背上沉重的负担，有时候甚至让孩子觉得很压抑。你表姐希望得到思想和情感上的沟通，你姑姑多多了解她的想法，就不会发生今天这样的事了，小静，你说是不是？"

小静点点头说："嗯，爸爸，谢谢你给了我属于自己的空间！"

小静的表姐茵茵希望妈妈能够多给点属于自己的空间，可是，妈妈似乎觉得孩子还小，就想什么事情都要为她做，搞得双方都觉得委屈，这一顿饭吃得大家都觉得心里别扭。

青春期的孩子在思想上有了很大的变化，总是希望有更多的属于自己的空间，父母不要过多地干涉自己的事情。他们的道德观也发生了很大的变化，他们追求公平公正，他们热爱很多人和小动物，也希望得到父母的理解与支持。正处于青春期的你，在与父母的相处中，应该注重沟通，让自己有个快乐的青春期。

应知应会

1.认真积极地自我反省

青春期的孩子特别容易情绪化，在一些小事情上钻牛角尖。不要过于自信，要尽量用客观的眼光看待自己，接纳自己偶尔产生的矛盾心理和孤独感，不需要过多地担忧，并时常提醒自己克服自卑和嫉妒的心理。这个年龄段特别容易和同学产生矛盾，此时应让自己冷静下来，不要因为一时的生气而酿成大错。要及时认真而理智地进行自我反省，有则改之无则加勉。

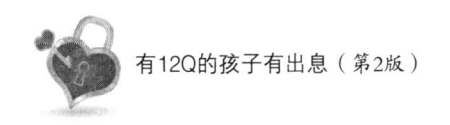

2.友善和谐地与他人相处

青春期的孩子在与他人相处时，一定要怀有友善平和的心态，如果和爸爸妈妈在想法上有不统一的地方，不要向爸爸妈妈发脾气，要心平气和地与他们沟通，把自己的想法告诉他们，以期得到他们的理解。在与同学们相处时，不要觉得自己有什么了不起，要和同学们平等相处，这样自己就不会有心理上的孤独感。

3.不断接纳和完善自己

青春期的孩子总是对很多的事物都特别感兴趣，总是希望自己可以变得更加完美，那么你们就应该去学习更多的让自己感兴趣的东西。接纳自己就是指不仅看到自己的优点，也要看到自己的不足，从而更自信地学习和生活，努力使自己的缺点转变为优点，对自己有所期待和改变。不要因为自己有了成绩而骄傲，也不要因为自己的缺点而自卑，要相信自己是有价值的人，全力以赴地实现自己的价值。

青春期是每个孩子都会经历的，在青春期的时候，你总是会因为自己的好奇心而收获更多的知识，因为自己的友好而得到更多的朋友。珍惜你的青春期，让自己和父母和平相处，体谅父母，让自己更加爱他们。

别让逆反情绪伤害了爱你的人

案例故事

小菲这几天和妈妈又闹得挺不开心的，在她写作业时，妈妈总爱直接冲进她的卧室干这干那，小菲觉得受妈妈的干扰太大了，于是在门上贴了张字条：学习重地，闲人免进！旁边还画上了颜色鲜艳的卡通画。

可是妈妈还是照常在她学习的时候直接进来。

"你怎么进来啦？"小菲不高兴地问妈妈。

"怎么啦，我不能进你的房间吗？"妈妈也有点不高兴。

"我在学习呢，你没有看见我房间门上的字条吗？"

"看见啦，闲人免进？我觉得我不是闲人，所以我进来了。我是你的银行，你的司机，你的保姆，所以我不是闲人。"妈妈还理直气壮地说。

小菲抬头看了妈妈一眼，就低下头继续写作业了。

过了会儿，外婆直接进了小菲的卧室，来打扫卫生。"您怎么进来啦？"小菲有点不耐烦了。

"打扫卫生啊，我不能进来吗？今天你有点怪怪的呀。"外婆有点莫名其妙。

小菲说："您没看见我房门上贴的字条吗？"

"外婆不认识字，有什么话直接跟我说，把你们一个一个培养成有知识的人，还反过来欺负我不认识字啊？"外婆有点生气了。

小菲叹了口气，还是低下头去写作业了。

过了一会儿妈妈又进小菲的卧室来取东西，小菲直接把钢笔一扔嚷起来了，"你们总是进进出出的，还让不让我学习啊？"

妈妈没有说话直接出去了，小菲捡起扔在地上的笔，有点生气，但还是继续写作业了。晚上睡觉的时候，她觉得不应该向妈妈发脾气，于是决定第二天早晨向妈妈道歉。第二天小菲向妈妈道歉了之后，妈妈也表示以后不在小菲学习的时候随便进小菲的卧室了，就算要进的话也会敲门的。小菲和妈妈的关系在她们的共同努力下缓和了很多。

因为妈妈老是直接冲进卧室，打扰了小菲的学习，所以小菲在房间门上贴了字条，没想到适得其反，还让妈妈和外婆觉得挺不高兴的。小菲向妈妈发了脾气，之后又意识到自己的错误，向妈妈道了歉，而妈妈也表示以后不再在她学习的时候随意进出她的卧室了。所以，在一些小的问题上和父母发生分歧的时候，一定要向父母说明原因，让他们去了解其中的原因，避免不必要的争执和伤害。

应知应会

1.给父母写个字条

在与父母发生争执的时候，有时候我们已经意识到自己错了，但碍于面子，不愿意当面向父母承认自己的错误，此时，不妨给他们写个纸条，把我们向他们道歉的话都写在上面，以期得到他们的原谅。父母在看到纸条之后，定会摒弃前嫌、原谅我们的。

2.平静自己的心情

无论发生什么矛盾，一定要心平气和地跟爸爸妈妈去沟通，在解决问题的时候双方都要保持冷静的状态，因为烦躁是解决不了任何问题的。只有心平气和才能更好地跟父母去沟通，诚恳地说出自己的想法，与父母以心换心。父母是长辈，要以尊敬的态度去面对他们，只要我们是诚恳地希望得到父母在某些方面的理解，父母是会理解我们的。

3.学会换位思考

你们是父母的孩子，要始终相信，他们是爱你们的。也许他们有时候还是把你们当作小孩子，依然会像以前那样去打理好你们生活中的点点滴滴，但你们在成长，你们也要有自己的空间。在和父母发生争执的时候要想到，你们将来也会为人父为人母，你们会不会也这样去管自己的小孩？要学会去理解父母的关爱之心和辛苦操劳，不要和父母发生争执。

每个人在成长的过程中都会有个时间段觉得父母管自己太严了，在这个时候不要去和父母辩解什么，告诉自己不要生气、不要向父母发脾

气，要冷静地向父母说出自己心中的想法，不要因为一时的冲动而伤害了父母的心。

疑心病不是你该有的

案例故事

小坤本来是个性格开朗的女孩，但在发生了一些事情之后，她就变得不那么爱说话了，还老觉得同学们都在背后议论她，搞得她整天担心、不想去上学。妈妈和她进行了一次谈话之后，知道了其中的原因。

小坤在高中的升学考试中考上重点高中，家里人都很开心。入学后第一学期，开学前都会有军训，于是她跟着学校参加了军训。

军训时的教官是个年轻帅气的大男孩，他不像别的教官那样板个脸去教训他们，有时候还很幽默，全班的同学都很喜欢这位教官。但几天之后，小坤和别的女生在值日的时候，因为同伴的错误，教官罚她们把半个已经扔掉的馒头吃下去，这让敏感的小坤感觉受到了极大的委屈。

之后没过多久，类似的事情又发生了。值日的时候，小坤不小心把剩菜倒在了新菜中，被食堂管理员发现后告诉了教官，虽然自己没有受到惩罚，但同学们的舆论使她有点崩溃。

军训结束以后，班里有人丢了东西，小坤总觉得，她一看正在议论的同学，他们就不说话了，他们肯定是在议论自己，说是自己拿的。

小坤的精神状态越来越不好，身边也开始没有朋友了，妈妈实在没有办法，就带小坤去看了心理医生。在心理医生的治疗下，小坤认识到是自己想多了，同学们根本就没有在背后议论自己。心理医生还让小坤写下自己的优点。在经过了几次心理治疗之后，小坤的精神状态明显好了很多，她已经不再去想别人为什么要疏远她了，而是开始询问心理老师怎样去交朋友了，也愿意改变自己去和别人交往。

小坤因为经历了"吃馒头事件"，自尊心受到伤害而留下了心理阴影，以至于在后来同学丢东西的时候她也觉得别人在议论自己，弄得自己精神状态不好，只能去看心理医生。经过治疗之后，她认识到是自己太过于敏感了，又渐渐变得开朗起来。

其实，对于心理很敏感的同学来说，自尊心受到极大的伤害后很容易一蹶不振，还会让自己在以后遇见事情时变得多疑，不容易相信别人。你们应该有强大的内心，相信别人的真心，让自己也成为正直的人。那么，如何避免自己犯疑心病呢？

应知应会

1.真诚对待身边的人

真诚待人，是你们从开始上学的时候老师和父母就教导你们的。在与同学相处的时候，应该真诚地对待身边的人，不要浮夸，不说谎话，答应同学的事情就一定要完成，不要给同学们留下说话不算话的印象。做个真诚开朗的孩子，让周围的人感受到你的真诚，你身边就会有更多的朋友了。

2.不轻易怀疑身边的人

不要轻易怀疑身边的人。如果在班级里出现了丢东西这样的类似事件，不要轻易怀疑是谁干的，也许大家那莫名其妙的怀疑会导致一个同学从此都抬不起头来，不要做伤害同学的事情。要用相信的态度去对待周围的同学，弄清楚事情的真相，不要妄下结论伤害了同学。同学们都是充满了童真的孩子，不要让自己患上"疑心病"。

3.把自己的心放大一些

孩子本来就应该开朗一点，不要因为生活和学习中的一点挫折就闷闷不乐，让自己变得不善于和别的同学交流与相处。上课的时候认真听课，下课了和同学玩玩闹闹，是多么开心的事情啊，努力让自己变得开朗一点吧！

青春期正是花儿一样的年龄，是一个人生命中最精彩的时光，你们应该好好地珍惜，不要让别的阻挡了你们的快乐。

不得不灭的嫉妒心

案例故事

小静、毛毛和小欣是一个班里的好朋友，三个女孩就像亲姐妹一样，总是走到哪儿都在一起。三个女孩子语文都学得特别好，小欣的作文更为出众。每次作文课的时候语文老师都会让她读自己的作文，其实这是件平常的事情，可是语文老师让小欣读得多了，自然让别的同学又羡慕又嫉妒。

小欣和班里的一位男生同时被选为大队委，小静和毛毛知道了都为小欣高兴，都替小欣感到荣幸，女同学们还开玩笑让小欣多多关照。

但是，班主任是小欣的妈妈，就因为这个，总会引起别的同学的一些议论。每当小欣戴上大队委标志的时候，刺耳的议论声总是在她的耳边此起彼伏。

小静觉得同学不应该为了这点小事议论别人，难道为了这么一个职位就值得这样议论吗？小静和毛毛她们觉得小欣的职位是名副其实的，

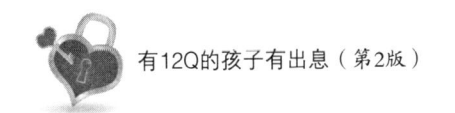

因为她学习好,愿意去帮助同学,也有很好的组织能力,她们觉得小静在各方面都具备当大队委的条件,因此都挺为小静抱不平的。

班里的同学开始有意无意地不和小静她们说话了,她们渐渐地被孤立了。就连上体育课的时候,也没有人愿意和她们在一个小组完成练习。小欣开始变得不爱说话了,无论小静和毛毛怎么说都不能让她像以前一样开心。

于是小静和毛毛商量了一下,去找了班主任,和班主任说了一些小欣最近的情况,班主任和小静她们商量的结果就是,让小欣辞去大队委的职位,让别的同学竞争此职位。小欣辞去了大队委后,渐渐地,同学们不像以前那样排斥小欣她们了,小欣又找回了原来的快乐。

小欣本来就是优秀的孩子,在选上大队委一职后,因为别的同学有意无意地排斥,开始变得不像以前那样开朗了。经过好朋友和妈妈的帮助,渐渐地,别的同学终于重新接受小欣了。

就因为同学之间的小小的嫉妒心理,让一个原本优秀的孩子有了很大的压力,觉得自己也许没有那么优秀,是因为妈妈才当上大队委的。同学之间最要不得的就是嫉妒心,大家的机会都是一样的,要懂得去竞争,相信自己的实力,用自己的实力去证明自己,不要因为自己的嫉妒心伤害了别人。那么,如何杜绝自己的嫉妒心呢?

应知应会

1.可以羡慕,但不要嫉妒

羡慕比自己在某些方面优秀的同学是好的,这样就有动力让自己变得更优秀。觉得自己某些方面不如别人,还不努力去赶上或者超越别人,而用语言或者行为中伤别人,这些都是要不得的。你们在学习的过程中,总会有某一门课比自己优秀的同学,你们应该虚心地向他请教,

让自己的学习赶上去。

2.敞开心扉,让自己更豁达

古今中外,没有一个人是因为嫉妒而获得成功的。与其用别人的成绩来煎熬自己,不如扬长避短,发奋努力,将消极的嫉妒心转化为积极的竞争意识。敞开自己的心扉,相信自己通过努力也可以获得和别人一样的成绩,让自己变得更加豁达。你将会发现自己脚下的路是越走越宽的。

3.要不断地树立自己的目标

你们应该有自己的目标,有了自己的目标就朝着这个目标前进,不要因为别人的成功而让自己丧失了前进的目标。有了自己的目标,就会善于学习他人的优点,有了迎头赶上的信心和斗志。一个人有了正确的人生观,明确了前进方向,他的行为目的性就会很强,不容易因为外界的原因而产生波动的情绪,就不会产生嫉妒别人的心理了。

孩子们在上学的时候,不应该对他人的学习成绩产生嫉妒的心理,要羡慕别人并相信自己通过努力也可以获得一样的成绩。

正确面对困难和挫折

案例故事

西汉的时候,有个农民的孩子,名叫匡衡。他小的时候特别想读书,但家里很穷,上不起学。后来,他有一个亲戚会读书认字,于是他就跟着这个亲戚学习看书认字,才有了识字的能力。

匡衡买不起书,只能向别人借书来看。那时候,书是非常贵重的,有书的人都不愿意轻易地把自己的书借给别人看。匡衡就在农忙的时候给有钱的人家打短工,不要工钱,只要那家人答应把家中的书借给他读。

就这样过了几年,匡衡长大了,成了家里的主要劳动力。他每天干活干得很晚,只有吃完中饭休息时抽空看点书,所以一卷书要十天半个月才能看完。匡衡很着急,想多看点书,于是他就想:白天要忙着种庄稼,没有时间,只有晚上有时间。可是匡衡家很穷,没钱买油灯,为了这件事,他很苦恼。

有一天晚上,匡衡躺在床上背白天看过的书,背着背着,突然看到东边的墙壁上透来了一丝光线。他一下子从床上坐起来,走到墙边一看,啊!原来从墙壁缝里透过来的是邻居的油灯光线啊!

于是,匡衡想了一个办法,他找了一把小刀,把墙缝挖大了一些。这样,透过来的光线也就更亮了,他赶紧拿来书,在透过来的光线下面看了起来。

就这样,他每天晚上再也不用担心没有油灯看书。

匡衡就这样每天白天种庄稼、晚上借着邻居的微弱的灯光看书学习,最后成为很有学问的人。

匡衡小的时候因为家里穷上不起学,他就请自己会识字的亲戚教自己识字;买不起书,就给有钱的人家打短工,不要工钱、只求那家人给书看。他白天没有时间看书学习,就晚上背白天看过的书;直到有一天发现了墙壁的裂缝中透过来的微弱灯光,从此晚上也可以看书学习了。他没有因为自己的贫穷而放弃对学问的追求,而是想尽一切方法孜孜不倦地学习,最后成为一个有学问的人。那么,生活在今天的同学们,如何正确面对困难和挫折呢?

应知应会

1. 拥有自己的座右铭

每个人都应该有个属于自己的座右铭,在遇到困难的时候多想想自己的座右铭,通过努力,相信所有的困难都会被克服。你们在学习或者和同学相处的过程中,也许会遇到一些小问题,比如,考试中没有考到自己理想的成绩,或者和同学因为小事闹得很不开心,在这个时候,就应该给自己动力和勇气去克服困难。

2. 多看些励志的小故事

身残志坚的张海迪姐姐是你们每个人学习的榜样,她在遇到困难和挫折的时候没有被打倒,反而是在困难中得到了升华。你们应该多看一些这样的小故事,让自己深受感染,从而有勇气和信心去面对和应对。

3. 拥有勤奋和乐观的心态

你们应该从小培养自己的勤奋和乐观的态度,无论在什么时候,只要有乐观和勤奋陪着自己,就什么也不怕了。勤奋和乐观是我们身上应该具备的素质,有了勤奋的态度,你们会在学习上更有往上冲的劲头;有了乐观的态度,你们会在遇到问题时看到有利的因素,找到解决问题的方法,令一切都迎刃而解。

每个人都要有足够的自信和勇气去面对生活和学习中的困难,让自己的不完美变得更趋向完美。

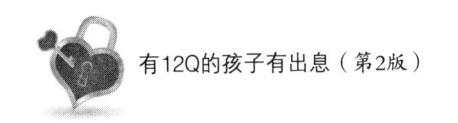

突破内心的束缚

案例故事

中央电视台的著名主持人白岩松，曾是一位自卑感较强的青年，当他从北方的一个小镇考入北京的大学后，他的邻桌女生问他："你家是哪里的？"就因为这么一句话，他整个学期都不敢和女同学说话。在他看来，从小镇来就是没有见过大世面的象征，很长的一段时间内，他都被一种自卑的情绪笼罩着。每一次照相的时候，他要么推辞不照相，实在不行的时候就戴个墨镜照相，用来掩饰自己的自卑。

同样是中央电视台的著名主持人张越，当年也曾为自己的肥胖而自卑。张越在北京上大学，总是怀疑同学们暗地里嘲笑自己很胖，从此她不敢穿裙子，不敢去上体育课。她在大学毕业的时候，差点领不到毕业证，不是因为她功课不好，而是因为她不愿参加体育课的长跑测试。体育老师跟她说："只要你跑，不论有多慢，我都给你及格。"可她就是不跑，因为她很害怕别人看见自己肥胖的身子跑步时的模样，而这样的原因她都不敢向老师解释。

著名的歌手王菲也曾说过自己在年轻的时候很自卑，因为她觉得自己不够聪明。18岁的时候，她勉强考上了一个不怎么出名的大学，最后也没有去上，到现在也没有一个正经的学历。而且她觉得自己没有毅力，总想要减肥，却总是坚持不到一周就放弃了。她不擅长交流，不善于和媒体沟通，总是被写成在耍大牌。

但是，现在他们都成功了。白岩松和张越成了中央电视台的著名主持人，经常对着全国的亿万观众侃侃而谈。特别是张越，完全是靠着自己的才气走进了中央电视台，并成为著名主持人。王菲被称为歌坛的

歌后，拥有无数喜欢她歌曲的粉丝，受到很多人的喜欢。他们没有怨天尤人，没有自暴自弃，而是勇敢地走出了自卑，超越了自卑，战胜了自卑，将自卑转换成助他们成功的动力。

他们三个都是克服了自己心中的自卑感，超越了自卑，成就了自我。他们没有被自卑打倒，反而因自卑产生了压力和动力，这使他们比别人更加努力和勇敢，付出了更多也收获了更多。

也许每个人在成长的过程中都会有一点自卑，觉得自己在某些方面比别人差，但曾经有过自卑感并不可怕，可怕的是沉溺在其中，没有冲破它的勇气。我们应该让自己去冲破自卑，战胜自卑。那么，如何突破内心的束缚呢？

应知应会

1.走路的时候要自信

心理学家告诉我们，在走路的时候，抬头挺胸地走路可以助长自己的自信心。懒惰的姿势和缓慢的步伐，会滋长人的消极思想，所以建议同学们改变自己的走路姿势和速度，从而形成好的心态。一个优秀的同学，走路的时候都是趾高气昂的，因为他有足够的自信。而一个自卑的同学，往往希望别人能够忽视自己的存在，更不敢在人多的地方走。

2.要敢于正视别人

不敢正视别人，说明这个人有点自卑；而敢于去正视别人的人，他的眼睛很明亮，这说明他很有自信，从他的眼睛里流露出来的都是真诚和自信。如果你们在某些方面觉得很自卑，一定要克服这种心理，让自己敢于在和别人说话的时候正视对方的眼睛，让自己逐渐地勇敢起来。而且，在与别人说话的时候看着别人的眼睛，也是一种有礼貌的表现。

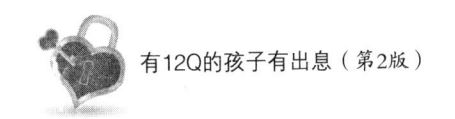

3.让自己当众发言

有的同学觉得自己在某些方面很差,因此不敢与别人交流,他觉得别人会在暗地里嘲笑或者议论他。卡耐基说:当众发言是克服羞怯心理,增强人的自信心,提高热忱的有效的突破口。这种办法是克服自卑最有效的办法。问一问自己,我的自卑心理是否让自己不再敢在同学们面前回答老师的问题,或者是去作一次演讲?每个人在大家面前讲话的时候都会害怕,只是程度不同而已。所以,给自己加加油,给自己一次机会,在大家面前大胆地发一次言吧!

开朗的人的身边总是有很多的朋友,在遇到困难的时候总会有人伸出援助的双手;内心有束缚、觉得自卑的人,很难交到很多的朋友。让自己冲破内心的束缚和自卑,做个快乐的、受大家欢迎的人吧!

第5章

逆商（AQ）物语：
面对逆境，无所畏惧

面对逆境时，学会奋斗，改变自己，让自己更优秀，并且对自己说，没有什么大不了的。给自己一个灿烂的微笑，为自己加油。坚持下去，自己也会越挫越勇，勇往直前，阳光就在风雨之后。如果每次面对困难都退缩，日子久了，就忘记了勇敢，忘记了加油，生活里没有阳光，永远都是一只丑小鸭，这是多么可怕。所以不要畏惧什么，你努力了总有收获。

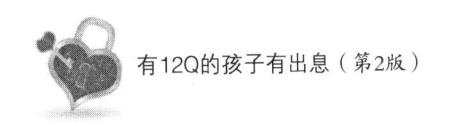

小挫折不会损伤你的面子

案例故事

林林是个上进好学的孩子。一次上学,他不小心被车撞了,腿部骨折。刚在家里养了两个月,他就嚷着去上学,可是在放学回到家后,他变得闷闷不乐。妈妈看他闷声不响地吃饭,摸摸他的头问:"怎么了?"

林林低着头不说话,过了老半天说,"妈妈,我不到学校去了,还是先把伤养好再说吧。"

妈妈皱皱眉头,"那不把课落下吗?昨天你不是还嚷嚷着要去上学吗?"

"反正我就是不想上了。"林林低着头,一边扒拉着碗里的米饭一边嘟嘟嚷嚷地说。

"林林,你能告诉妈妈怎么了吗?"妈妈放下手中的碗筷,亲切地看着儿子。

过了老半天,林林才断断续续地说出了原因。原来,因为林林请了很长的假,落下了不少的课,所以现在听课有点困难。今天学校又恰好来了一个新老师,林林在上课的时候没有回答上问题,这让一向积极好学的林林感觉有点难为情。下了课之后,几个一向和他有隔阂的同学就嘲笑他,让他很是没面子。

"妈妈,我回答不上问题,他们都笑我,老师也批评我不专心。"

林林把头埋进妈妈怀里，难为情地说。

"这有什么？"妈妈推开林林，然后直视着低着头的儿子，"一个问题回答不上就要退缩了，那还像个男子汉吗？不管人家是批评还是笑话，先搞清楚你自己能把这个问题回答上吗，回答上就大声说，回答不上自己思考，思考不了可以问老师么，有什么难为情的？"

"可我以前从没被老师批评过啊！"林林说。

"那有什么，不经历风雨，能见彩虹？先把今天的内容复习一遍再说，看明天老师怎么说你。"

林林点点头，回到书房学习去了。

第二天，林林在课堂上准确而清楚地回答了老师的问题，老师笑着说："不错，没想到林林还是一个越挫越勇的好孩子。"说完啪啪地为他鼓起了掌。

林林好学上进，他在短短的学习生涯中还未遇到过挫折，因此，面对老师的批评和同学的嘲笑时，他想到了退缩和逃避。在妈妈的劝导下，他重新鼓起勇气面对，才在第二天的课堂上有了完美的表现。

人生在世不可能永远一帆风顺。正处在成长期的你难免也会遇到这样或那样的挫折，你需要的态度就是：勇敢面对。羞怯和退缩都只是绕开了挫折，如果以后遇到同样的问题，你只会比以前更加畏惧，所以你要勇敢面对，坚强跨越。如何应对遇到的挫折和失败呢？

应知应会

1.明白人生的挫折

在《格林童话》等各种各样的读物中，我们会看到主角们为了寻求心中的幸福而不断努力，其实现实社会也是一样，因此，你们在人生前进的路上，一定要明白一个道理：人生绝对不会是一帆风顺的。生命有限，挫折相伴。看看古往今来的每一位功勋卓著的人物，哪一个不是在克服了一次次的挫折后才登上历史巅峰的。所以，你们要在人生启程的时候作好面对挫折的心理准备，遇到挫折时告诉自己：成功者也是这样过来的。

2.先接受下来再说

挫折已然降临，第一无可逃避，第二无可挽回，第三只有接受。老师的批评、同学的嘲笑抑或是努力的失败……无论是哪种打击，你先接受下来再说，哭泣也许能换来一时的同情；逃避也许能躲过一时的尴尬，但是挫折已然在那里，先接受下来再说。如果你一味地逃避，那么你只能生活在挫折的阴影之下，最终成为挫折的俘虏。

3.分析一下原因

面对困难挫折时，正常而且正确的程序首先是接受下来，然后分析和思考。想一下自己此时成绩下降是因为什么原因；想一下朋友突然地不再理你是不是和你平日不当的言行有关；想一下生病之后自己还能做些什么……只有在这些反省与思考中你才能将困难与问题想得通透，从而明了下一步的方向。

4.寻求跨越的方法

人生的挫折，出现了就得面对，大的如亲朋离弃、身体病废；小的如成绩下降、学习困难等。有的是没有办法弥补的，如身体的疾病，但瘫痪的史铁生是著名作家，失明失聪的海伦·凯勒是教育家，耳聋的贝多芬写出了《命运交响曲》……这些伟人以另一种方式超越了挫折。有的是可以挽回的，如学习的困难、成绩的下降，只要我们端正态度找对方法，这些都是可以战胜

的。总而言之，生活总在前进，不能因为一沟一坎的存在而忘记了

前行,毕竟前面的风景是一片明媚。

面对挫折要学会自己扛

> **案例故事**

1969年,澳大利亚的一所医院里,一位男子悲哀地看着观察室中一个刚出生的胎儿——小家伙没有肛门,腿是畸形的,从头到脚只有可乐罐子那么大。医生同情地看看这位男子说,"可能活不过24小时,还是准备后事吧。"可是,这个小家伙还是活下来了。

几年之后,小男孩长大了。由于身体矮小,他看一切东西都是庞然大物,甚至连家里的狗都可以欺负他。父亲忧虑地看着儿子,心想,孩子的人生将来总需要自己面对啊!

一天,父亲把他叫到后院,告诉他:"你必须自己面对一切恐惧,勇敢起来。"说完就把他和家里那条狗关在了一起。父亲走后,后院很快传来狗叫和孩子的哭闹声,而他却颤抖着双手静静地待在屋里,直至隔壁邻居报警。等父亲和警察打开后院的门时,令人惊讶和欣喜的一幕出现了:双腿残疾、身材矮小的儿子正骄傲地骑在狗背上,仿佛驯服了一头烈马的西部牛仔。

男孩上学了,可是父亲只把他送到学校门口,并且告诉他:"从现在起,你必须独自承受生活。"男孩点点头。尽管到学校之后他被同学扔进垃圾箱、挂在教室的风扇上,但他都挺过来了。此后他历尽双腿切除、罹患癌症等一系列的磨难,却始终坚强地活着,并且连续三年获得澳大利亚残疾人乒乓球冠军、澳大利亚全国健康举重比赛排名第二的成绩。他就是澳大利亚著名励志演讲大师约翰·库提斯。他在取得如此的成绩后开始将自己的经历分享给更多的人,激励所有的人告诉自己:永远不要说不可能!

约翰·库提斯的父亲是伟大的,面对残疾弱小的儿子,他并没有一味地消极地呵护,而是理智地培养,他知道儿子的一生最终是需要他自己掌握的,因此从小就培养儿子独自面对困难挫折的能力。约翰·库提斯在一次次独自的承担和面对中,最终走向成功。

每个人生下来就有父母的呵护,但是这种呵护难道是一生的吗?这种呵护下的成长是属于自己的成长吗?答案是否定的。所以,人生中的困难挫折,你们需要独自面对,一方面锻炼自己的胆识和意志,另一方面,你们会在自我的应对中增强能力。这样你们才能真正成长为坚强的自我。

应知应会

清代著名画家临死前对自己的儿子说:"淌自己的汗,吃自己的饭,自己的事情自己干,靠天,靠地,靠祖宗,不算是好汉。"这段遗言揭示了这样一个道理,人活在这个世界上,唯一能够依靠的就只有自己,因此,在面对挫折时,要学会自己扛。那么,面对挫折和打击,要如何自己扛呢?

1.学会自己面对挫折

不经历风雨怎能见彩虹是谁都明白的,可是有时面对挫折恰恰是旁观者清。正在成长的你们在面对困难时难免有困惑畏惧,这时你们的师长就会充当路标、充当雨伞为你们引航导向、帮你们挡风遮雨。可是,如果你们没有了"路标""雨伞"呢?因此,除非必要,你们要学着自己面对。

2.告诉自己"我可以"

你们无法选择挫折的种类，唯一能做的就是面对困难时保持积极的态度：我能行。此时此刻，谁的劝导和帮助都只是耳边的一阵风，只有自己内心的坚定和坚强才是迎接风雨的中流砥柱。所以，面对挫折时，我们自己的内心要坚定，因为面对挫折的是——自己。

3.积极解决才是出路

意志的坚定是战胜挫折的心理基石，你们还需要做的就是积极寻求方法去超越去跨越阻止自己前进的那道坎。成绩后退了，仔细分析原因；老师批评了，认真反省自我；问题不知怎么解决了，努力寻找办法……实在人生经验有限，也可以求助于自己的长辈，但是必须搞清楚一个前提：自己是否已经尽力了？

4.不要排除他人的意见

在你面对挫折独自咬牙坚持时，你的意志是坚定的，可你的力量是有限的。因此，正在成长的你们在面对自己无法解决的困难时一定要记住，周围还有你们的师长朋友。当你们需要他们的时候，他们不可能袖手旁观，因此你们不妨向他们伸出求援之手，听取他们的意见，考虑他们的建议，这样才能使自己的面对不至于太孤独、太盲目。

彩虹是受了挫折的阳光

案例故事

认识何家伟的人，都说他是一个经历了太多挫折的孩子，从他出生到考上大学，之间发生了太多太多的不幸，幸运的是他能够坚强地走到

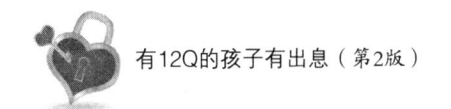

今天。

他刚出生时，父亲就因病去世了。失去父亲以后，家里的经济收入明显差了好多。没有享受过父爱的他从小就很坚强，除了学习，还要帮助妈妈做农活，小小年纪就学着挑起家里的重担，但是，从小学到高中，他的成绩一直名列前茅。高中在镇中学就读，为了减轻家里的负担，他在学校总是吃最便宜的菜，每当休息日或放假，他都回家帮母亲干活。正当何家伟勤奋学习、

茁壮成长的时候，不幸的事又发生了。1998年3月，母亲劳累过度，因病去世。然而，这一突如其来的打击并没有动摇他求学的决心。他强忍悲痛，更加发奋地学习。第二年，他终于以560分的成绩被重点大学录取。

但是，命运又一次捉弄了他。在体检时，何家伟被确诊为先天性心脏病，不能就读。面对这一切，历尽磨难的他早已经练就了刚强的性格，他没有退缩，而是变卖了家产，又东凑西借筹集了一笔钱，动了手术，治好了病。2000年，何家伟再次参加高考，以572分的优异成绩被浙江工业大学录取。家里为了给他治病，已经借了一大笔钱。学费怎么办呢？何家伟怀着对知识的渴求，来到浙江工业大学，在班主任的帮助下，申请了助学贷款，并在课余时间打工挣取生活费。就这样，何家伟坚持读完大学，走上了新的生活。

未来不知道还会有什么暴风雨，但是，此时的何家伟已经身经百战。他知道，雨过天晴后，是灿烂的阳光。

故事中的何家伟在生活中碰到的挫折，是大多数孩子在青少年时期很难遇到的事情。何家伟在经历了多次挫折后，没有放弃自己的梦想，采取主动寻求解决办法的态度勇敢面对现实，是你们值得学习的榜样。

应知应会

孩子在人生中首先需要懂得的道理是，遇到挫折是正常的事情。每个人都不能保证自己的一生是一帆风顺的。尤其是在自己人生的求知路途中，为实现自己的目标付出的努力不一定都有回报，但是只有勇敢面对挫折，寻找出路和解救的办法，才是人生的真谛。

没有任何梦想能轻松地实现，没有任何事情能风平浪静地完成。所以，要正视挫折，面对不幸和困难的时候，不气馁、不放弃，寻找原因、寻求出路，这样人生才丰满、精彩。受挫折之后练就的坚强意志和积累的经验教训是终身的财富。那么，如何面对挫折呢？

1.接受现实才能寻找方法

大多数孩子，在遇到挫折的时候，会消极对待，要么放弃不再理会，要么对自己失去信心，灰心失落、半途放弃。长期下去，若养成这样的习惯，那么，对今后面对的任何困难都会持有这样的态度。所以，根据事情的本来面目找到真实原因，积极找到应对措施，是面对挫折的最佳选择。

2.正确对待人生的不如意

生老病死，自然灾害，都是自然规律，是我们无法控制的。如父母的病逝或者自然灾害中房子的倒塌，这些挫折是你们没有办法解决的，只能面对。孩子的身心都是很脆弱的，但是，时刻要记住，生者要为死者活得更好，生是死的延续。当然，还有其他人为造成的挫折，如升学考试因为紧张发挥失常而与重点高中无缘，这时的你，只要不自暴自弃放弃学习，在经过高中阶段的刻苦学习后，你一样可以考取理想的大学。

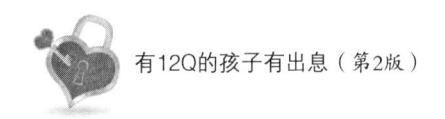

3.换角度去看，或许是种赐予

换个角度看问题，解决起来就容易多了。遇到挫折以后才能更清楚地认识自己和现实。弥补自己的不足，看到事情的本来面目，心态好了，应对起来就轻松了，挫折就变成了彩虹。

轻易放弃才是失败

案例故事

王丽小学三年级的时候，妈妈给她报了一个钢琴班，对喜欢音乐的她来说，这无疑是最佳的培养。每天放学回家以后，她总是练习完钢琴曲才开始吃饭。周末她也很少休息，除了去钢琴培训学校就是在家练习。对于一个小孩子来说，眼下正是贪玩的年纪，而她除了学习就是练琴，玩耍的时间很少。

在读初中的时候，她已经通过了钢琴六级，经常参加学校的文艺表演，在学校里已经小有名气了。父母为了她在钢琴上更有长进，在北京找了有名的钢琴老师单独给她上课。

可是，天有不测风云。有一天晚上，王丽突然高烧，父母送她去医院，医生诊断为急性肺炎，需要住医院治疗。通过及时的治疗，王丽的病情有所好转，可是有一天，王丽突然发现，自己对声音没有以前那么敏感了。通过医生的检查，得知是因为抗生素用量过大，损伤了脑神经，影响了听力；这个时候已经来不及治疗，只能停药。家里人知道了这个消息，如同晴天霹雳，这样的听力会影响到钢琴练习的。

出院后，王丽看着摆在家里的钢琴，想着自己再也不能练习，再

也不能在舞台上展示才华，失望的泪水不自觉地流了下来。只能放弃了吗？自己的钢琴生涯就这样结束了吗？

当王丽放弃钢琴以后，再也没有放松过心情，对于自己曾经的音乐梦想，她一刻也放不下。父母也和她一样煎熬着。有一天，父亲按捺不住了，带着王丽找专家，求医问药。终于，王丽的听力有了一些恢复，在医生的建议下，她佩戴了助听器，又可以像正常人一样听到声音了。她第一个想法就是去弹琴，自己终于可以像以前那样听到钢琴的声音了。

此后，王丽非常珍惜来之不易的机会，忍受着助听器压迫的疼痛，刻苦地练习钢琴。她终于考上了音乐学院，离自己的梦想越来越近。

故事里的王丽，在听力受损的情况下，不得不放弃弹奏钢琴。但是，成功的渴望牵引着她，在医生放弃治疗的情况下，她选择继续治疗。功夫不负有心人，她的听力有所好转，钢琴梦终于实现。假如她当时放弃了治疗，放弃了钢琴的练习，也许，她再也与钢琴生涯无缘。所以，轻易放弃才是失败，坚持是成功的秘诀之一。

应知应会

成功贵在坚持，要取得成功，就要坚持不懈地努力，饱尝许多次的失败之后，才能成功，即所谓的失败乃成功之母。也可以这样说，不放弃就是成功。"水滴石穿，绳锯木断"这个道理每个孩子都懂，然而为什么对石头来说微不足道的水能把石头击穿，柔软的绳子能把硬梆梆的木头锯断？说透了，还是在于坚持。一滴水的力量是微不足道的，然而许多嘀嗒的水坚持不断地点击石头，就能形成巨大的力量，最终把石头击穿。也只有遵循同样的道理，绳子才能把木锯断。

所以说放弃才是失败，有了坚持不一定很容易成功，但是轻易放弃就一定是失败。在学习生活中，我们经常遇到不会做的题目，如果不去书中寻找解题思路，或者怕丢脸放弃求助老师和同学，最后只能放弃解答。那么对这个难题来说，我们就是"失败"的。那么。如何做才能避免产生放弃的念头呢？

1.给自己制订阶段性的目标

成功的道路是漫长的，因为花费的时间久，有的孩子难免会坚持不下去。给自己制订每个阶段的小目标，分段完成。小目标时间短，实现起来容易，每一个目标的实现，都是向成功走近了一步，走近一步的喜悦感会缩短时间带来的疲劳感。这样坚持下来，成功就变得容易了许多。

2.先易后难，逐步达到顶点

上个标题是横向的分步设置，是针对时间较长的方法。这里要讲的是纵向的分步前进，举个例子：学习是青少年每天要面对的事情，学好知识也一样是从简单的入手，掌握了基本的知识，才有可能接受较难的知识，一步一步，最后考入理想的大学。任何事情都是一样的，要做成功，都是按步骤循序前进的。

3.刻意锻炼自己的意志

通过体育锻炼或者其他锻炼方法刻意锻炼自己的意志，坚强的意志，是打败懒惰的利器。理想的项目有长跑、冬泳、跳绳等。选择一项适合自己的，在课余对自己进行训练，以达到增强意志的目的。

只要奋斗，丑小鸭也会变成白天鹅

案例故事

宋朝，有一位很有学问的人，名叫杨时，他对老师十分尊重，一心求学。杨时在少年时代就非常喜欢学习，后来中了进士，他不愿意做官，就继续访师求教，钻研学问。当时程颢和程颐兄弟俩是全国有名的学问家。杨时先是拜程颢为师，学到了不少的知识。在4年之后，程颢逝世了。为了继续学习，他又拜程颐为师。这个时候，杨时已经40岁了。

有一天，天空乌云密布，眼看就要下雪了。午饭后，杨时为了向老师请教一个问题，约了同学一起去程颐的家里。守门人说："程颐正在睡午觉呢，要不我去禀报一声？"杨时说："不用了，我们等老师睡醒再问吧！"杨时和他的同学一起，一声不吭地站在大门口，等待老师睡醒，好请教问题。

转眼间下起了鹅毛大雪，雪越下越大。杨时和他的同学仍然站在门外，雪花飞舞，寒风凛冽，冻得他们直发抖，但他们仍没有敲门进去。

过了很长时间，程颐睡醒了，这才知道杨时和他的同学已经在门外的雪地里等了很长的时间了，连忙差人去把他们叫了进来。这时候，门外的雪已经积了有一尺多深了。

因为杨时有这样虚心求教的精神，学业进步得很快，后来成为一位全国知名的学者。四面八方的人都不远万里来拜他为师，向他请教学问。

杨时在年轻时中了进士，却不愿去当官，而是想继续求学。他拜全国最有名的大学者为老师，并且为了不打扰老师的午休，和同学冒着大雪在雪地里等着老师睡醒。杨时凭这种虚心求学的精神，最终从一无所知的孩童，成为当时全国知名的学者，让全国的想学习的人都慕名而

来、向他求教。

刚开始学习时,我们是没有任何知识的,知识是在不断的学习中积累起来的。就像丑小鸭,当它认为是妈妈和兄弟姐妹的鸭子嘲笑它的时候,它也曾认为自己是世界上最丑的鸭子,可是,经过了时间的推移,它变成了世界上最美的白天鹅。所以,你们在任何时候都不要放弃,要相信,通过自己的努力,丑小鸭也有变白天鹅的一天。

应知应会

1.让自己变得好学

所谓"知之者不如好之者",达到这种境界的同学,学习兴趣会对学习起到巨大的推动作用。你们应该对学习有如饥似渴的态度,不断用学习和知识充实自己。有的同学之所以自卑主要就是因为自己没有取得好的成绩,所以你们一定要找到让自己的成绩提升的方法,并为之努力,通过努力,相信你一定会获得成功的。

2.相信奋斗和努力的力量

天底下没有白吃的午餐,只有通过自己的努力,才可以获得成功。你们在学习的时候,要认真地学习,掌握老师当天教的知识,在每个月和每个学期结束的时候做好温故知新的工作,巩固自己的知识。在生活中也一样,爸爸妈妈交代自己的事情,一定要认真负责地去完成,不要半途而废。

3.告诉自己"我可以"

没有自信的人,不懂得自信的力量。你在学习一门功课的时候,也许会因为之前没有很好地理解老师的讲解,导致没有很好的成绩,以后继续学习这门课的时候就会产生害怕和厌烦的情绪,这样是不对的。你要告诉自己"我可以",你只是没有找到好的方法去解决问题,只要相

信自己可以重新学好这门课，定会取得好成绩。做任何事情，都不要轻易放弃，给自己一个微笑，告诉自己"我可以"。

只有通过自己的努力赚来的成功才是值得自己开心和骄傲的。古今中外有很多资质不好但通过自己后天的努力而成功的人，因此，你要时刻保持自信，相信自己通过努力是可以获得成功的。

微笑是慰劳自己的最好礼物

案例故事

又一个星期一来到了，张老师如常"享受"着同学们的周记，有做美梦做到醒的，有和爸爸妈妈玩扑克牌输了往自己脸上贴纸条的，有编织着自己的作家梦的，也有向张老师诉说自己的烦恼的。这些周记时而让张老师捧腹大笑，时而让她掉进同学们的童话世界，时而让她陷入思考。

这时，她看到班里陈星同学的周记有了新的内容，也有了进步。陈星之前总是写字写得一团糟，作业本也皱巴巴的，有时候还调皮得不听老师的话。他写的是《鼓励的微笑》，虽然不怎么通顺，标点符号也没那么标准，还偶尔有错别字，但是字体比以前端庄多了，作业本也整洁多了。

"今天的语文课，张老师给我们讲了《威尼斯的小艇》，在张老师叫同学们读课文的时候，我不知道哪里来的勇气，把手举得高高的，张老师说：'陈星，你来读第一段。'我读得不是很流利，还有几个错别字，同学们都哈哈大笑起来，可是张老师没有笑。她教我读'纵横交

叉',我没有把'横'的后鼻音读准,老师又教了我一遍,我还是没有读准,同学们又笑了。我突然觉得脸

一阵发烫,我的脸一定很红,我不敢再读了,看了看老师,张老师给了我一个微笑,我觉得她是在鼓励我。于是,我不知道哪里来的一股力量,又大声读了一遍'纵横交叉'。这一次同学们没有再发出笑声,因为我读对了。张老师又向我投来赞许和鼓励的目光,我觉得特别高兴。我以后要好好地学习,把每次的作业都认真地写好。张老师,谢谢你!"

张老师的心久久不能平静,她没有想到自己一个微不足道的微笑,对于学生来说是那么重要。

从那以后,陈星在学习上有了很大的进步,在学校的表现也特别好。这些,都是因为老师微笑的力量!

陈星之前是个学习不怎么努力的孩子,写字也不规范,总是把作业本弄得脏兮兮的。后来,因为张老师一次无意间把陈星叫起来读课文,又很有耐心地纠正他读错的词语,并给他鼓励的眼神和微笑,从那以后,陈星开始有了变化。他在学习上更加用功了,因为他觉得是老师对他的相信和鼓励使他树立了自信,他相信自己会越来越优秀。

其实很多时候,我们在努力学习之后,是希望得到别人的鼓励和肯定的。来自父母和老师的鼓励和肯定,就是我们在学习的道路上的力量。也许,就是一个小小的微笑和眼神,就能够使我们更加努力。那么,如何用微笑来慰劳自己呢?

应知应会

1.不要对自己失望

很多时候,你们在学习的过程中不是一帆风顺的,也会有自己努力了却没有得到很好的成绩的时候,这时,你们不应该对自己失望,不要

破罐子破摔，而应深入挖掘自己没有成功的原因，再加以改正。始终相信自己可以的，给自己加油和鼓励，只要自己更加努力，就一定可以得到很好的成绩。

2.不断地给自己打气

就像案例故事中的陈星，刚开始的时候觉得老师要放弃自己，在得到了老师的鼓励和信任的眼神之后，觉得只要自己努力了、得到好的成绩，同学们就不再嘲笑自己了。很多时候，来自父母和老师的肯定和鼓励就是你前进的动力，你们应该更加努力，不断给自己打气，不要沾沾自喜，觉得有这样的成绩就好了，而应努力把他们的鼓励延续下去。

3.相信自己可以成功

老师和父母的鼓励和肯定不是时时都有的，所以你们需要给自己一点肯定和鼓励，相信通过自己的鼓励会获得成功。每天早晨出门的时候，对着镜子里的自己说声"加油"，你会发现，在一天的生活和学习中，一切都变得更加美好了。所以，要时刻相信自己，相信自己不懈的努力会得到回报，多给自己一些鼓励吧！

微笑是沙漠里的一眼清泉，微笑是黑夜中的航标灯，微笑是雨天中的一把伞。在你们前进的过程中，总是有人给你们一些鼓励和相信的微笑，每一个微笑，都是值得你们珍惜与记忆的。

第6章

胆商（DQ）物语：
做个有胆有识的冒险家

做个有胆识的孩子，不仅要胆大，还要认识到这个世界上没有任何可怕的事情，可怕的只是恐惧的心理。在这一章里你会练就天不怕地不怕的气概，学会战胜自己心理恐惧的方法。仔细琢磨故事里的主人公是怎样克服自己的恐惧，最后达到目的的，认真学习节后的具体方法，只有这样，你才会真正领会到做个冒险家是一件多么有意思的事情。

做个喜欢冒险的人

案例故事

刘雨田，中国历史上第一位职业探险家。1942年2月26日生于河南省长葛县，原来是新疆乌鲁木齐铁路局机关的一名干部，后来放弃了优越的工作，加入了冒险家的行列。

面对外国人的挑战，1984年5月，他放弃一切，开始用步行的方式走长城，经过一年多的时间，他终于实现万里长城的徒步旅程，成为中国第一个走完万里长城的人。后来，他又步行了很多地方，丝绸之路、新疆罗布泊、黄土高原、格拉丹东和昆仑雪山，考察了神农架野人和喜马拉雅山雪人、绒布冰川，沿喜马拉雅山和雅鲁藏布江旅行，尝试着攀登了珠穆朗玛峰，三次穿越死亡之海塔克拉玛干、古尔班通古特等中国五大沙漠。

他用照相机拍摄了一万多张照片，写下了二百多万字的探险日记，内容涉及政治、文化、历史、地理、艺术、哲学和考古等多个领域。他的好几部作品已经陆续发表，也曾多次获得国家大奖，有的还被选入初中课本。

从开始到现在，他已经完成了四十三个考察项目，走遍了祖国的山山水水，每个险要的地带都留下了他的足迹。数百家报纸、杂志、电视台报道了他的伟大事迹，人们称他为20世纪罕见的旅行家和探险家。

几十年的艰辛跋涉中，他一个人穿越沙漠、行走戈壁、攀爬险山、游过大河，用自己的血水、泪水和汗水为祖国填补了一个以个人名义探险的空白。

真人伟迹，历历在目。刘雨田作为中国个人探险第一人，是祖国的荣耀，他的行动，留给了祖国宝贵的实地资料。在这里，不是要同学们都丢掉学习和工作去探险，而是要同学们学习他的这种冒险的精神，然后应用到平常的学习生活中。在生活中，有很多事情需要我们大胆地去做、去实践。

应知应会

冒险不是去争吵去打架，显示自己有多勇猛不怕疼，冒险是一种对待生活的态度。面对内心的恐惧，战胜自己，超越自己，是冒险；在大会堂，面对众多的同学，勇敢地走上讲台，是冒险；从来不敢滑冰的你，大胆穿上冰鞋，不怕摔跤，学习滑冰，是冒险……在生活中这样的"冒险"数不胜数。其实归根结底，战胜自己的弱点就是冒险。那么，怎样锻炼自己，成为一个勇于冒险的人呢？

1.正视弱点

每个孩子身上都有弱点，关键是自己能否敢于面对。首先，不能因为发现自己在某个方面有弱点就恐惧自卑，觉得自己不如别人。正视弱点存在的必然性，自信地去面对，恐惧就恐惧吧，心跳加速、呼吸不畅也是身体的正常表现。不要在乎它，调整自己，让自己平静下来，才是要去冒险的第一步。

2.勇敢尝试

遇到内心恐惧的事情时，大多数孩子会不由自主地往后退，认为自己没有办法战胜，其实，恐惧只是一种心理表现，战胜自己的恐惧心理,才是勇于冒险的关键。可怕的不是事情的本身,是自己被自己吓倒了,阻碍了冒险的想法。战胜这种心理的唯一办法就是尝试,尝试之后,你会发现,其实它并没有你想象的那样恐怖。

3.迈出第一步

当你第一次勇敢尝试成功了以后,你会获得一种精神上的享受,摆脱恐惧对自己的纠缠,放松心情,会让你的胆子越来越大,冒险的次数越多,你的胆量越大,长期下去,你的收获也越来越丰富。所以,勇敢地迈出冒险的第一步,之后你会喜欢上冒险的。

不要让自己害怕

案例故事

冯强11岁了,在暑假里的一天,妈妈带冯强去深圳的"欢乐谷"玩。欢乐谷里有好多惊险的游戏,是冯强很害怕玩的,但是,出于好奇,冯强还是跟妈妈一起去了。

来到公园里,他看见里面有许多玩的东西,有丢丢球、太空梭、青蛙蹦跳、蹦极、田园冲浪等。因为怕家人笑话他胆小,所以他装着不屑一顾的表情说:"我认为,这里都是一些非常容易玩的游戏,这有什么难的。"可是妈妈并没有带他玩这些,她说先去玩最恐怖的太空旋转,之后玩其他的就不觉得害怕了。冯强硬着头皮说:"好啊。"来到太空旋转前,冯强看见大人和小孩都发出害怕的尖叫声,不禁腿软了,心想:我的天呀,这个东西怎么这么令人害怕呀,还是走吧,我可不敢玩这个太空旋转。

后来，冯强想借妈妈不注意的时候偷偷溜走，可还是被妈妈拉了回来。他只能自认倒霉。他坐在太空旋转椅的位置上，系好安全带后，心里"扑通扑通"地跳，生怕转的时候掉下来。转椅开始慢慢地往上升，然后就开始疯狂地旋转，他怕掉下来，就拼命地叫，但过了一会儿他就慢慢适应了，还觉得这个游戏还蛮好玩的，也不怕了。降落的时候，他跟妈妈说："妈妈，我还想玩这个太空旋转。"

后来，他又玩了一次，并用灿烂的笑容战胜了心中的恐惧。从此以后，任何一件事情他都会大胆地尝试，因为他知道，只有大胆尝试才能战胜心中的恐惧。

从这件事情中冯强得到了一个让他受用不尽的启示：不管做什么事都要战胜心中的恐惧，这样你才会勇往直前。如果你战胜不了心中的恐惧，你最后会自取灭亡。

故事中的冯强从一开始害怕玩太空旋转，到玩过之后又勇敢地玩了第二次，这是一次战胜害怕心理的过程。在尝试玩过之后，他才明白其实不会有危险存在。在生活中孩子们会遇到很多第一次，有许多的第一次都会使他们产生恐惧，害怕面对。其实，只要别人可以做到的，你也同样可以，你只是被自己的害怕心理绑住了，是自己吓倒了自己；只要勇敢地迈出第一步，你就会发现，其实很简单，你也可以做到。

应知应会

每个孩子在成长的道路上，都会有令自己感到害怕的事情，害怕这，害怕那。其实，只要是别人可以做到的，你同样可以做到，你只是被自己的恐惧心理左右了。只要卸下包袱，大胆地尝试，尝试过后，你做到了，你就会发现：原来很简单呀！自己居然会害怕，真可笑。那么，怎样战胜自己的害怕心理呢？

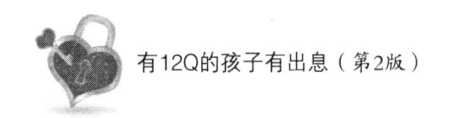

1.仔细观察，了解事物的真实性

面对害怕的事物，首先要做的是认真观察它的实质，认清它的本来面目，这对你战胜自己的害怕心理很有帮助。其实恐怖的不是事物本身，而是人自身对事物没有真实的把握，被表象蒙蔽了自己的眼睛，夸大了真实性，以至产生了恐惧。如那些极限游戏，其实每个游戏都是经过合理的设计以后才投入使用的，只要按照规定正常使用，就不会伤及人的生命，所以只要我们仔细观察，了解所做事情的实质，就能克服害怕心理。

2.勇敢尝试，不要担心会失败

战胜自己害怕心理的关键是大胆尝试。如果你永远不去接触自己害怕的事物，你就永远跨不过自己的心理防线，只有尝试以后，心里才会彻底打开防线。为什么这样说呢？因为，令你害怕的，只是你的恐惧心理，其实事物本身没有那么恐惧；而这一点你只有勇敢地尝试以后才会了解，不尝试你就永远都害怕。

3.利用人们积累的经验学着去做

你害怕的事情，其他人也曾经害怕过，但是胆大的人会先去尝试，他们会有心得体会。因此，你先去了解，再按照别人的方法去做，是不会有危险的。胆大心细地学习别人的方法也是战胜害怕、去实践的好办法。

多认识些朋友没什么不好

案例故事

赵老师在上作文课的时候，有个女孩可怜兮兮地跟她说她没有朋

友，写不出来老师布置的作文。原来赵老师布置的作文是介绍自己的好朋友。

这个女孩叫敏敏，虽说性格温顺了些，但也不至于说没有朋友。只是最近她总是一个人，上课时好好听课，下课了也不愿出去玩，之前一起玩耍的朋友似乎现在也很少在一起玩耍了。

第二周，上心理咨询课时，敏敏对心理老师说："老师，我没有朋友，看到别的小朋友在开心玩耍的时候，特别羡慕，我感到很孤单。"心理老师便安慰她，还教给她几招交朋友的方法。下课之后心理老师就找到了赵老师，向她反映了敏敏的情况，这引起了赵老师的注意。

后来在作文课上，敏敏以前的好朋友小静和小雯都说自己的好朋友是敏敏，不仅赞扬她乐于助人，还说她很懂朋友的心，很善解人意。于是赵老师在下课的时候叫来了敏敏，把小静和小雯的作文本给她看。刚开始的时候，敏敏有点不好意思，刚看几眼就用本子挡住了自己的脸，不知道什么时候她已经开始哭了。赵老师给了她张纸巾，让她把眼泪擦了。敏敏张张嘴，好像要说什么，却又没说。赵老师对她说："要学会交朋友，试着和朋友去玩耍和学习，这样就会有好朋友。"

后来，敏敏开始重新和小静、小雯一起学习玩耍，性格也变得更加开朗，在小静的帮助下，敏敏的数学成绩很快就上去了。在班级组织的用废弃物做环保衣服的活动中，敏敏、小静和小雯的三人组做的衣服还获得了第一名呢！

敏敏总觉得自己没有朋友，还向心理老师咨询说自己没有朋友。在老师的帮助下，她知道了自己的朋友一直把自己当作最好的朋友，这才打消了心里的疑虑，重新和朋友们在一起玩耍，还让自己的学习成绩提高了，也更受大家的喜欢了。

所谓的朋友就是你高兴的时候想把你高兴的事情告诉他的人，就是在你哭泣的时候想得到他的一句安慰的人，就是你们互相帮助了却不需要说谢谢的人。朋友，在你们人生中的每一个阶段都是必不可少的人，你们要学会在新的环境中去认识更多的人，让跟多的人成为自己的好朋友。那么，你们要怎样做呢？

应知应会

1.主动和同学们交流

性格内向的孩子总是不善于去和别人交流，连大声说话都不敢，这样就会让自己越来越内向。你们可以在课堂上老师要求分组讨论的时候，和自己周围的同学去讨论题目，不要担心什么，大胆地说出自己的想法，没准你的就是对的呢！下课的时候多和同学们去楼道玩玩捉迷藏等游戏，要不就在教室里给大家讲讲你昨晚新看的脑筋急转弯吧，他们也很乐意猜的。

2.有一个自己的兴趣爱好

趣味相投的人总是很容易成为朋友，和与自己有相似爱好的同学交往，就会有很多的话题去聊，就可以成为好朋友。如果你们的共同爱好是动漫，无论是哪部动漫作品，都是你们所了解的，那么就有了更多的话题去聊。所以，不妨把自己的爱好也告诉大家吧，没准还有很多人和你有共同的爱好，他们都是你的潜在朋友呢！

3.真心和宽容地对待别人

在与别人的交往相处中，你要抱着真心和宽容的态度去对待别人，别人在感受了你的真心之后也会真心地对待你，别人不小心犯了错误，你要宽容，别人才会改正和前进。真正的朋友会给你关心、帮助和快乐，真心对待身边的每一个同学吧！

朋友总是在你们的生活中占有重要的地位,大家一起分享彼此的快乐,见证彼此的成功,承担彼此的失败,你们要给彼此打气、给彼此加油,让自己多交朋友,因为,他们是你们最宝贵的财富。

做事不拖拉

> **案例故事**

豆豆上了小学之后有了一个不好的习惯,就是做什么事都变得拖拉了。早晨起床的时候要爸爸妈妈叫好几次才肯慢悠悠地起床,每次都是爸爸妈妈吓唬说要迟到了,他才肯坐起来,还得让爸爸妈妈给他穿衣服,衣服穿好了眼睛还没睁开呢。每天早晨刷牙洗脸还得好长时间,如果爸爸妈妈不给他收拾好书包,他还能磨蹭半天呢。

对于老师布置的作业,豆豆写字的时候特别慢,写字慢了作业就很迟才写完,明明半小时的作业量,愣是能写两个小时。写作业的时候,豆豆有时候还要边写边玩,爸爸妈妈说你在那磨蹭什么呢,话说得重了点他就会更磨蹭,作业经常都是写到十一点才能写完。

爸爸妈妈觉得这样下去真不是个办法,就想了一个实行奖励制的办法,只要豆豆能在规定的时间内写完作业就奖励他喜欢的零食。刚开始的时候豆豆挺无所谓的,觉得奖励的零食太少了,当他发现妈妈再也不给他买零食,他只有靠着奖励得来零食的时候,他就知道零食的珍贵了,慢慢地写作业的时间逐渐缩短了。

在豆豆改掉了写作业拖拉的习惯之后,爸爸妈妈开始着手让他改正早晨起床慢的习惯,一项一项地慢慢改正。过去了一学期之后,豆豆

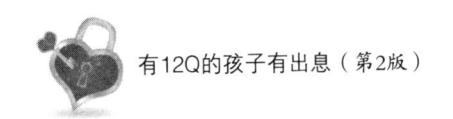

已经改掉了身上爱拖拉的习惯,变回了以前那个做任何事都很干脆的豆豆。

在豆豆有了做事拖拉的习惯后,爸爸妈妈拿他喜欢的零食作为奖励,才慢慢地改掉了他爱拖拉的习惯。

可能每个人的身上都有爱拖拉的习惯,只是程度不同而已。有些同学是在做某些事情的时候很拖拉,有些同学则是干什么事都很拖拉。做事拖拉是非常不好的习惯,你们一定要杜绝,绝不让自己染上那样的坏习惯。

应知应会

1.今日事今日毕

有的同学可能认为自己小,有时候就不会刻意地让自己去完成当天的事情,这样就会导致自己养成做事拖拉的习惯。你们要养成今日事今日毕的习惯,不论自己多么想玩,也要管住自己,把今天的事情或者作业做完以后再去玩。不要因为作业没有写完而导致出现让老师责备、家长生气、自己后悔的事情。从小养成做事不拖拉的好习惯。

2.要有耐心和恒心

冰冻三尺非一日之寒。要改掉坏习惯也不是一天两天的事情,只要有耐心和恒心,相信你们一定可以改掉。也许有的同学觉得自己的拖拉的习惯是改不掉的,索性就不改了——这是非常不对的想法。你们要从小事开始,管住自己,让自己逐渐地改掉拖拉的坏习惯。有耐心和恒心的人,是比较容易获得成功的。

3.要循序渐进

一个好习惯的养成不是天生的,也不是一朝一夕养成的。你们需要长期的坚持和自我的督促,每天都告诉自己要坚持不能放弃,要相信

自己能够改掉拖拉的坏习惯。不要心急地觉得自己一次就能改正，坚持每天改一点，总有一天会做到最好的自己。比如，一个同学渐渐地发现自己每天干的事情越来越多，头脑思维也越来越敏捷，写作业也越来越快，再也不用让组长在后面催自己了。那种感觉真好！做事拖拉的人总是给别人一种不负责任的感觉，别人会觉得这个人没有责任感。如果你的身上有拖拉的坏习惯，那就马上改掉它吧，让自己成为一个有责任感的人。

少年英雄无所惧

案例故事

"抗战"的时候，一个村庄有个放牛娃叫王二小，他和爸爸妈妈、哥哥生活在一起，虽然生活很清贫，但他们都很勤奋地过着日子。

1942年的一天，一声炮响，日本鬼子的炮弹落在了王二小的家里，在山上放牛的王二小和哥哥眼睁睁地看着自己的家被炸毁了，爸爸妈妈也死于炮火之中。接着，哥哥和乡亲们又被日本鬼子抓去修炮楼，而聪明的王二小趁着去给哥哥送饭的时候把哥哥和乡亲们都救了出来。

后来，王二小去了革命根据地，和边区的女干部柳老师住在一起。柳老师是大学生，她给村子里的儿童团员教授文化知识，王二小很喜欢柳老师，觉得她像自己的姐姐。王二小一心想着报仇，于是从村里偷了两个地雷，要去炸鬼子，却在雨夜中迷路了。吴连长冒着大雨找回了二小，他很欣赏二小的勇气，但柳老师很生气，她认为孩子是国家的栋梁，不能作无谓的牺牲。

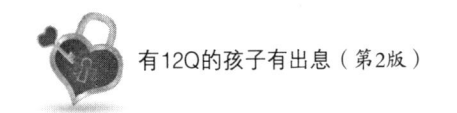

王二小跟着吴连长和柳老师学到了很多的知识,他懂得了,鬼子欠下的是整个中华民族的血债,等到打走了鬼子,他还要参加国家的建设呢。

鬼子的大扫荡又开始了,吴连长带着队伍去了山的那边,说要包围鬼子,杀他们个措手不及。柳老师带着孩子们转移到了长城边上,她看见鬼子的刺刀在阳光下闪闪发亮,柳老师把孩子拉到自己的身后,枪声响了,柳老师倒下了。

二小用歌声引来了鬼子,让乡亲们在另外一条路上逃走了。鬼子们让二小带路去找八路,二小领着鬼子走到了吴连长他们设的包围圈,大叫着让吴连长开枪,气急败坏的鬼子把刺刀刺进了二小的身体,二小的血染红了山中的片片落叶。

乡亲们得救了,八路军发起了进攻,把鬼子全部歼灭了。

王二小立志要好好学习,等把鬼子打跑以后要建设国家,成为栋梁之材,却没想到这成了不能完成的心愿。他把敌人引入八路军的包围圈,自己却被鬼子杀害了。

都说"自古英雄出少年",王二小就是一个典型的人物,为了能救乡亲们,他把自己的生死置之度外。二小身上这种勇气和胆识值得每一个人学习,他的这种在恶势力面前相信正义、不向恶势力低头的精神更是值得提倡和发扬。

应知应会

1.从小事做起

列宁说:要想成就一件大事,必须从小事做起。可能我们有的同学在发言的时候会害怕,担心自己说得不好,怕别人会嘲笑自己,因此在那么多人面前说话的时候会心跳加速。其实所谓的勇敢就是应该从这种小事做起,从举手发言开始,大胆地去表现,不要畏惧任何一件事。

2.生活中注意胆量的培养

胆量，是一种精神状态。有胆量的人，敢于创新，敢于探索。其实每个孩子都希望自己是有胆量的。而老师们则应该做到让孩子勇敢地作出选择，有时孩子不是胆小，而是没有发挥自己胆量的机会。让孩子自己去面对一些小事情，自己担当。一点一滴培养起孩子的胆量，帮助孩子增加他们的胆量。

3.增强自信心，树立必胜信念

美国作家爱默生说："自信是成功的第一秘诀。"信心，是支撑我们的信念。一个人，要是对自己失去了信心，必然是颓废的，是可怕的。孩子们应该不断地告诉自己，我可以，我能够做得很好，我不怕面对困难，我对自己有信心。如果连我们自己都对自己没有信心，不相信自己可以取得成功，又怎能奢求别人的相信呢？相信自己，你就是很精彩的自己。

如果你心中有一个想法，不要害怕把它大声说出来，不要觉得自己年纪小没有别人的支持，要相信自己，只要自己想到就要去做，不尝试一定得不到心中的答案。勇于尝试，不怕失败，只要从每一步做起，有胆量，不怕艰难险阻，勇敢地做自己，给自己信心，你就一定不会让自己失望。

有勇有梦有未来

案例故事

一百多年前，有一位穷苦的牧羊人，他有两个幼小的儿子，因为家里很穷，两个孩子就跟着他给别人放羊，赚取一点点生活费。

有一天，他们赶着羊来到了一个山坡上，看见一群大雁排着人字形从他们头顶飞过，消失在远方的天空。

牧羊人的小儿子看到了，就问自己的父亲："爸爸，那些大雁要往哪里飞？"

牧羊人说："它们要去一个温暖的地方，在那里安家，度过寒冷的冬天。"

大儿子眨着眼睛羡慕地说："如果我们也能像大雁那样飞翔多好啊！"

小儿子也说："就是，如果我们也能飞翔多好啊，这样，我们就可以去我们想去的地方了。"

牧羊人沉默了一会儿，对他的两个儿子说："只要你们想，你们也能飞起来。"

两个孩子伸开双臂，试了试，都没能飞起来，他们用怀疑的眼神看着父亲，牧羊人接着说："让我飞给你们看吧！"他伸开自己的双臂，也没能飞起来。可是，他用坚定的眼神看着自己的两个儿子说："我是因为年纪大了才飞不起来了，但你们还小呢，只要不断地努力，一定可以飞起来的，去你们想去的地方！"

两个儿子牢牢地记住了父亲说过的话，怀揣着要飞起来的梦想，并一直不断地努力着。过了很多年之后，哥哥已经36岁了，弟弟也32岁了，他们果然飞了起来，因为他们发明了飞机，这两个人就是美国的莱特兄弟。

人自身是飞不起来的，而牧羊人却告诉自己的孩子，只要你想，就一定可以实现。两个孩子怀揣着最初的梦想，并一直不懈地努力着、奋斗着，最终他们发明了能让人们飞上天空的飞机，实现了自己的梦想。

一个有梦想的人是充实的，他知道自己想要干什么，知道自己要通过哪些努力去获得成功，并为之不断地努力和奋斗，虽然过程是辛苦的，但收获成功的时候，那种喜悦的心情是别人所不能享受的。我们也要有自己的梦想，让自己怀有一颗有梦想的心，并为之努力，享受过程的开心和实现结果的喜悦。那么，如何让自己有勇有梦有未来呢？

应知应会

1.小计划向大计划靠近

梦想不是一下子就能实现的，自己要作很多的努力才能实现心中的梦想。不妨制订一个半年或者一年的小计划，一点一点从实现小计划开始，慢慢地靠近自己心中的梦想。如果你的梦想是考个好的大学，那就认真学习每天的知识，一个月、一学期、一年……逐渐积累，最终就能考上自己理想的大学。

2.要有顽强的意志

古人云，"故天将降大任于斯人也，必先苦其心志，劳其筋骨，饿其体肤，空乏其身。"你们要在平时锻炼自己的意志，在实现自己梦想的时候，付出辛苦是必然的，告诉自己一定要坚持，不要放弃。自己每一点的努力，都会让自己更加靠近心中的梦想，不要半途而废，要用坚强的意志作为后盾。

3.要坚信付出是值得的

老师总是教导你们，没有付出就没有收获。就像农民伯伯一样，在春天的时候种下种子，夏天的时候浇水除草上农药，秋天的时候才会收获，冬天的时候才有粮食可吃。如果你们不每天努力地学习，那么在考试时就没有好的成绩，没有好的成绩就会离自己的梦想越来越远。付出和收获是成正比的，没有足够的付出就不会有收获。要懂得，天下没有

白吃的午餐。

怀揣梦想的人总是比别人更加快乐和有活力，因为他们知道自己想要什么，自己的付出都是值得，他们享受追逐梦想的过程。在这个过程中，他们不断地增长自己的见识，不断地充实自己的内涵，拥有顽强的意志和信念。有梦想，有勇气，才能有美好的未来。让我们都为了自己心中的梦想去奋斗吧！

第7章

学商（LQ）物语：
学习也是一种游戏

有的孩子认为学习是件很枯燥乏味的事情，一听到学习就感觉头皮发麻，那是因为没有找到学习的乐趣。从小培养自己的学习兴趣是很关键的。其实，在学习中也是有乐趣可寻的。找到最适合自己的学习方法，学会在玩中将学习坚持到底，把学习看作一种游戏，自娱自乐地轻松学习。对每一门课都不放松，做到全面发展。做题的时候，不怕做错，错了就再做一遍，直到正确。如果对学习永远提不起兴趣来，会影响你的前途。所以赶快改变自己对学习的态度吧。

找到学习中的乐趣

案例故事

小宝是个非常聪明的孩子,可是他把心思用在了玩耍上,因此学习成绩一直不是很好。然而,最近他突然对学习产生了浓厚的兴趣。爸爸说他找到了学习中的乐趣,究竟是不是这样的呢?

这天,到了学习的时间了,小宝依然在外面正玩得很高兴。爸爸没有责备他,而是走到他的身边,说:"小宝,你觉得今天的天气怎么样?"

小宝抬头看了看天,说:"天气很好啊,很温暖。"

爸爸说:"那你知道吗?为什么天上会有朵朵的云彩呢?"

小宝想了想,摇了摇头。

爸爸说:"因为有水蒸气、微尘和合适的低温,水蒸气于合适的低温下于微尘上凝结,所以有了云。"

小宝抬起头望着云彩,疑惑地说:"是真的吗?"

爸爸说:"当然是真的了。"看着小宝疑惑的眼神,爸爸笑着说。

接着,爸爸说:"小宝,你仔细观察云朵。"

过了几秒钟,小宝惊奇地说:"爸爸,云彩在走动呢。"

爸爸摸着小宝的头说:"知道这是为什么吗?"

小宝摇了摇头,望着爸爸问:"为什么啊?爸爸快告诉我。"

爸爸从身后抽出一本《十万个为什么》递到了小宝的手里说:"它

会告诉你的,你自己去看吧。"

小宝如获至宝,拿着书回到屋里。几分钟之后,他笑嘻嘻地来到了爸爸的身边,说:"爸爸,我知道了,云彩之所以会走动,那是被风吹的结果。"

爸爸接着问:"那为什么会有风呢?"

小宝摇了摇头,又钻进了屋里。

爸爸为小宝买了很多本《十万个为什么》,小宝则如饥似渴地阅读。在短短的半个月中,小宝渐渐对学习产生了浓厚的兴趣。

故事中的小宝,在爸爸的诱导和帮助之下,逐渐在学习中找到了乐趣,从而对学习产生了浓厚的兴趣。这时候的小宝已经不再将学习当成一种任务,而是一种享受。由此可见,并不是孩子们不爱学习,而是因为在学习中没有感到快乐,以致失去了兴趣。

应知应会

对于孩子们而言,感到快乐的事情,自然会乐此不疲,相反,如果感到痛苦,就会逃避。由此可见,能否找到学习中的乐趣,是促使他们好好学习的关键因素。往长远说,直接决定着他们的智商的高低。

而很多时候,孩子们之所以厌学,是因为他们在学习中并没有感到愉悦,而是压力和痛苦。这样一来,他们便会逃避。越是逃避学习,越没有兴趣学习。即使有的孩子想努力学习,也会被枯燥的书本知识所禁锢,乃至失去热情。在这种情况下,对于孩子们来说,迫切想要了解的是:如何找到学习中的乐趣?

1.把学习当作享受

当你把学习当作一种享受,而不是老师和家长给的负担时,你对学习的感受便会大大改变。因为，在你享受学习的时候，关注的是过程，而不是结果。即使做错了，认识到并改正过来，便是收获，至于最终你做对了还是做错了并不重要。反过来，当你把学习当作一件任务时，更多是关注最后的结果，而不是过程。在这种情况下，为了把题做对，你会无形之中给自己增加很多的压力。当你背负很大的压力时，感受到的自然是痛苦而不是快乐。因此，要想找到学习中的乐趣，就要把学习当作一种享受，而不要当作一种负担。

2.与现实生活联系起来

很多时候，当孩子们把书本的知识孤立起来去学习时，学到的只是书本上的符号或者概念。孩子们觉得这些知识和概念只有在书本中才有意义，在现实生活中没有多大的意义。而现在的孩子们感受到的更多的是五彩缤纷的现实生活。这样一来，孩子们很容易对学习失去兴趣。如果能将知识与现实生活联系在一起，孩子们无论吃饭、睡觉都能感受到知识，用得多了，自然会对学习产生兴趣。比如，英语学习中，如果能将生活中的课桌、黑板或者是做饭等场景作为课堂教育的题材，令孩子们背诵单词时联想到生活中的场景，那会是一件非常轻松的事情。

3.端正学习的态度

我们不得不承认，很多学习认真的孩子学习成绩一般都很好。相反，一些上课不认真听讲的孩子，学习成绩一般都上不去。这是因为，当你认真学习的时候，你的心思全在知识上，这样，很容易理解知识。当你学懂了老师所讲的知识后，会感受到这份乐趣。相反，态度不端正，上课不认真，对老师所讲的知识自然是云里雾里不知所云。越是这样，越是感觉不到学习知识的乐趣，越是感受到压力。这样，时间一久，对学习知识便会产生抵触的情绪。

别拘泥于标准答案

> **案例故事**

华美是个只有10岁的小女孩，但是她非常聪明，平日里老师讲课的时候，只要稍一点拨，她就能明白，应该说是个悟性极高的人。

这天，老师为了活跃课堂气氛，出了一个脑筋急转弯。老师说："明明每天太阳照进窗户就起床，可是大家还是叫他小懒虫，这是为什么呢？"

同学们争先恐后地举手回答。

昂扬说："太阳照进窗户本来就不早了，大家叫他小懒汉也是没有错啊！"

老师摇了摇头。

小毛回答说："明明家的房子很矮，太阳照进窗户来的时候已经快到中午了。"

老师还是摇了摇头。

这时候，同学们不再举手了，个个都在冥思苦想。

老师见同学们回答不上来，笑着说："那是因为明明家的窗户是朝西的，当太阳照进来的时候已经是下午了，大家当然叫他小懒虫了。"

同学们一片哄然。这时候，华美站起来说："老师，如果明明家的窗户是朝北的，那么太阳照进来的时间也很晚了，大家照样可以叫他小懒虫。"

教室里安静了下来，有几个同学附和说："是啊，老师，华美说的没有错，如果窗户是朝北的，那么太阳照进窗户的时候确实时间不早了，大家叫他小懒虫也是没有错的。"

老师站在那里有些不知所措，很显然，华美的发问让他措手不及。为了缓解尴尬的气氛，老师笑着说："华美同学真是了不起，我今天主要也是考考大家的思考能力，看看你们中间谁最聪明。下面我们开始上课。"

很显然，故事中老师所说的答案是没有错的，在一定程度上可以说是"标准答案"，这是毋庸置疑的。但是华美并没有被标准答案禁锢思维，而是提出了同样合理的答案。由此可见，标准答案只不过是个参考，并不是真理。

应知应会

事实上，这些所谓的"标准答案"只不过是个参考。就如同当你面对一件事情不知所措的时候，别人会给你建议和意见，而实际上要怎么做，还要经过你自己的思考和抉择。很显然你不可能将别人的建议当作自己的主见。同样，"标准答案"也不是不变的规则。因此，在学习和生活中，千万不要拘泥于"标准答案"，否则你并没有学到知识，而只是翻版刻录了答案。

很多事情之所以有"这样"或者"那样"的标准答案，那是因为有了一些约定俗成的前提和条件。如果剔除了这些前提和条件，那么答案可谓是五花八门。即使在这些前提和条件的约束下，各种各样的可能性也有很多。标准答案并不是真理或唯一的答案，而只不过是一个参考、一个建议。因此，在思考问题的时候，千万别拘泥于标准答案。那么，如何才能不被标准答案所禁锢思维呢？

1.学习中要有怀疑的态度

在课堂上，你们常常听老师的话，唯命是从；在做作业当中，也是不敢提出疑问，觉得书本上的就是对的，标准答案就是不能质疑的。正

是这种想法，扼杀了你们的思维。事实上，老师也是人，也有说错的时候，标准答案也并不是唯一的。在学习当中，要有怀疑的态度，你只有敢于怀疑，思维才能发挥得淋漓尽致，你才能真正学到知识。

2.摒弃所有的思维惯例

在我们的脑子里，经常有个惯性思维，觉得应该是怎样的，在无形之中给自己设置了前提和条件，所以你们只能看到"标准答案"。在思考问题的时候，要摒弃所有的思维惯例，这样你才能跳出"标准答案"的怪圈子。

3.勤加思考，多问几个为什么

在平时的学习和生活中，要多问几个为什么，这样你就不会被"标准答案"禁锢思维。因为，这些"标准答案"在你的为什么面前，必然会暴露出前提和条件。这样，在忽略这些前提和条件之下，你就会得到不一样的答案，而你的思维也会更加全面，不至于拘泥于标准答案。

在玩中将学习进行到底

案例故事

小亮一直学习很刻苦，上课认真听讲，甚至连放假的时间都不会放过，总是躲在家中温习功课，却还是成绩平平。让他更为苦恼的是，同桌小峰没有他那么认真那么用功，课余时间总是喜欢玩一些小游戏，却一直是班里的佼佼者。

一次期中考试，小亮远远落在小峰的后面，心中的不服气终于爆发了，追问小峰为什么他总在玩游戏却比自己成绩好。

小峰笑了，说："或许正是因为你不会玩。"

小亮挠着脑袋，一副想不明白的样子。

小峰继续解释，"你总是抱着课本死记硬背地学习，而读书应该讲究灵活，一味死记硬背只会事倍功半。我天天是在玩各种小游戏，但在这个过程中我学到了更多的课本上学不到的东西。就像我最近玩的数独游戏，是一种很益智的小游戏，能够开发大脑，发散思维，挖掘我们的潜能。"

小亮仍然有些半信半疑。小峰拿出自己的数独小书，邀请小亮一起来玩。

一开始小亮需要花很长时间才能做出一组，慢慢地，他摸索出一些其中的小窍门，花费时间越来越少，能完成的游戏难度也越来越高。他惊讶地发现，在这个过程中确实不是一味地在玩，也需要高度集中注意力，结合一定的逻辑推理能力，同时获胜的心情也能让自己更有信心。从此小亮也开始贪"玩"了，而成绩却开始突飞猛进。

案例中的小亮一开始认为，自己比小峰刻苦努力，学习用功的时间也比他长，学习成绩也理应超过小峰。但通过玩数独游戏，他才发现，其实，学习无处不在，除了在课堂和书本上，在生活中，甚至在游戏过程中，同样可以学到很多。而很多看似简单放松的游戏，实则可以很好地培养我们的逻辑思维能力和独立思考能力，让我们在玩的过程中用脑、用心去思考、去学习。

应知应会

我们不得不承认这样一个事实：有的孩子看起来整天在玩，但是学习成绩非常好；而有些孩子，一天到晚在学习，但是成绩始终上不去。这让很多家长百思不得其解。事实上，那些看起来整天玩耍的孩子，他

们在玩耍的时候，也在用心思考，用心学习。这样，既缓解了身心的疲惫，又学习了知识。相比之下，那些看起来整天都在学习的孩子，背负着沉重的压力，在学习的过程中心不在焉，学习成绩自然上不去。那么，你们应该怎样在玩中进行学习呢？

1. 懂得合理调配学习时间

人的大脑持续工作的能力是有限的，超负荷运转必然事倍功半。因此，做任何事都讲究劳逸结合，在学习过程中适度地放松是保证学习有效进行的根本。所以，你们在刻苦学习、用功读书之余，一定不能忽视课余的放松和调节，在该学习时应该集中注意力，用心去思考，在需要休息时，则应该立刻放下课本，去放松自己的身心，调节自己的情绪，让大脑得到休息，从而确保随后的高效运转。

2. 玩也需要全身心投入

很多时候孩子总是没有耐心，急于求成，无论是在学习中还是游戏的时候，总是精神不够集中，身心不够投入，久而久之，学习效率降低，学习兴趣丧失，形成"不投入——学不好——没兴趣"的恶性循环。因此，我们特别强调培养孩子的精神集中能力，要引导孩子在做任何事情时都全身心投入，即便是在玩的时候，依然要多动脑、多用心，在思考和自我领会中玩转游戏。

3. 玩也需要慎重选择，适可而止

当前，网络已经日渐普及，孩子们也逐渐开始广泛接触。然而，网络带给孩子的更多的是血腥暴力的网络游戏，久而久之，只会让他们玩物丧志。因此，孩子在玩的过程中，也需要慎重选择，一定要远离那些无聊、负面的游戏活动。而当前风靡的数独游戏、三国杀等高度益智游戏则是对孩子有百利而无一害的，这些游戏能够深度挖掘他们的潜能，

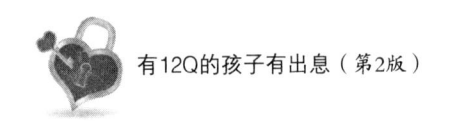

锻炼他们的思考和逻辑思维能力。

全面发展，不当偏科生

案例故事

上小学的时候，小峰对语文很感兴趣，却对数学一窍不通，尽管爸爸妈妈花了大量的心血来辅导他的数学课程，可是于事无补，每次考试，他的数学都是不及格。相反，他的语文成绩好得出奇，不但成绩考得好，而且能写一些非常不错的散文和诗歌。大家都说小峰天资聪明，将来一定能当大作家。

每当听到这些话的时候，爸爸妈妈并没有感到自豪，而是很难过。因为他们知道，如果学不好数学，要想有好的发展前途几乎很难。而事实证明，爸爸妈妈的担忧不无道理。好几次，班里评选三好学生，小峰都因为数学不及格而与之无缘，优秀班干部更是如此。小峰尽管在学校里小有名气，却永远是个"小兵"。

在升初中的考试中，小峰也因为数学成绩不及格，与市内重点中学失之交臂。吃了偏科的亏，上了初中后，小峰开始向数学发起了猛烈的攻势，在爸爸妈妈和同学老师的帮助下，小峰开始重视数学。

经过一个学期的苦攻，小峰的数学有了明显的进步，尽管还没有办法跟班里的尖子生相比，但是在每次的数学成绩测试中，他都能挤到中等水平的学生之中。为此，他在这学期的班干部选拔中，被选为语文学习委员。在以前，就算是他的语文成绩再好，也是没有资格成为班干部的。

故事中的小峰因为严重偏科，给自己带来了很多的麻烦，丧失了很多公平竞争的机会，后来在大家的帮助下，补习了数学，得到了全面的发展，终于成为同学们羡慕的班干部。在学习当中，严重的偏科会给你们的生活带来很大的麻烦。且不说对于升学有很大影响，对于你们身心的发展也会有很大的危害。文科可以培养你们发散思维，让你们感受和了解生活，而理科则能培养你们的逻辑思维能力，让你们更加严谨，所以，偏科会让你们得不到全面的发展。

应知应会

1.合理分配学习的时间

在学习中，要合理分配学习的时间，这样既能学好喜欢的科目，又能照顾到不喜欢的科目。有的同学喜欢数学，整天投入数学学习中，对语文不闻不问；有的同学喜欢舞文弄墨，对数学弃之不顾。这样一来，导致了偏科现象更加严重。因此，要合理地分配学习的时间，早上学习数学，下午学习语文，这样，即使你不喜欢某一个科目，也能掌握基础的知识，从一定程度上抑制偏科的现象。

2.更多的精力投入到弱项上

事实上，偏科在很大程度上是由性格决定的，有的同学喜欢安静，逻辑思维强，可能会更加喜欢推理，喜欢理科。而有的同学想象力丰富，善于表达情感，可能会更加喜欢文科。当你发现自己有偏科的倾向时，要及时把你的注意力投放到弱项上，这样一来，投入的精力多了，自然就不会陌生。

3.万不可"顾此失彼"

有的同学发现自己偏科了，随后抓紧时间纠正，却顾此失彼。例如，曾经非常痴迷语文的同学，由于对数学用了大量的工夫，结果荒废了语文,这样,偏科是得到了纠正,但是又偏到了另外一边。所以,在纠正自己的偏科现象时,要注意别荒废了自己喜欢的科目。要明白,只有不偏科才能全面发展。

找到适合自己的学习方法

案例故事

辉辉的学习成绩一直很棒,每次考试都是第一名。相比之下,他的好朋友小明的成绩则非常差。为此,小明非常痛苦,尤其是爸爸妈妈拿辉辉和他进行比较的时候,他恨不得找个老鼠洞钻进去。但是这并没有影响他和辉辉的关系。

一天,小明悄悄地对辉辉说:"辉辉,你到底是怎么学习的,成绩怎么那么好啊?我也一天到晚在学习,但是我的成绩很糟糕,教教我吧。"

辉辉认真地说:"上课的时候,我很认真,老师讲过的东西,我听一遍就会了,晚上回来再温习一下就可以了。"

从那天起,上课的时候,小明也认真地听讲,两只眼睛盯着老师,生怕漏过了什么。可是他的记忆力不好,老师讲一遍,他根本记不住,而且他错误地认为,只要眼睛盯着老师就是认真地听讲,他看到辉辉就是这样的。

几个礼拜下来,小明的成绩不但没有好转,还被老师请了好几次家长。他的作业做得一塌糊涂,根本没有办法看。爸爸非常生气,严厉地批评了小明,当他得知小明在模仿辉辉时,爸爸说:"小明啊,辉辉脑瓜聪明,记忆力好,当老师讲一遍之后,他都理解了,也记住了;而你

的基础比他差,也没有他聪明,当然不明白了。"

小明望着爸爸认真地说:"爸爸,我该怎么办呢?"

爸爸说:"每个人的情况不一样,要找到自己适合的方法才能把学习搞上去。你认真地想一想自己的优势在哪里,要弥补哪些不足,找到适合自己的学习方法。"

那一晚,小明想了很久,他明白了勤能补拙的道理。他的记忆力不好,脑瓜也没有辉辉聪明,那么意味着他要付出更多的努力。于是,从那天起,小明不但上课认真听讲,回家后专门花时间背诵和记忆课堂的知识,而且,遇到不明白的问题,他就主动去向辉辉请教。除此之外,他还抽时间做一些练习题拓展自己的思维。

渐渐地小明的成绩也好了起来,最后和辉辉不相上下,成为了班里的佼佼者。

故事中的小明因为成绩差而一味模仿成绩优异的辉辉,结果却导致学习成绩更加糟糕。在爸爸的指点下,小明重新认识了自己,找到了适合自己的学习方法,终于步入了佼佼者的行列。在学习中,每个人的天资和悟性都不一样,有的人悟性强,一点就通,而有的人则需要长时间思考和领悟。有的人记忆力好,过目不忘,而有的人则需要花费大量的时间去记忆和背诵。所以,充分地认识自己,找到最适合自己的学习方法,才能将学习搞上去。

应知应会

不管做什么事情,如果方法不对头,即使你耗费再多的精力,结果也是不尽如人意,甚至会与原先的目的背道而驰。就如同劈柴要顺着木头的纹理才能劈得轻松,学习也是这样的,每个人的情况不一样,如果不认清自己的情况,一味地学习别人的方法,则无异于"邯郸学步",

不但达不到和别人同样的效果，还会让你的学习成绩一落千丈。由此可见，找到适合自己的学习方法，才是提高学习成绩的有效途径。那么，对于广大的中小学生来说，如何才能找到适合自己的学习方法呢？

1.认清自己的优势和不足

每个人的状况不一样，有的人悟性好，有的人脑子不好使，有的人记忆力强，而有的人则总是记不住。因此，只有认清楚自己的优势和不足，才能对症下药，找到适合自己的学习方法。如果你脑子不好使，那么不妨多花点时间去理解和领会，说不定会领会得更深刻、更透彻。如果你记性不好，不妨试着先理解，再记忆，或许这样你会记得更清楚、更准确。认清楚自己的优势和不足，发挥你的优势，弥补你的不足。这样你的学习成绩一定会有明显的提高。

2.制订自己的学习计划

学习计划顾名思义就是学习的总规划、总安排。一个好的学习计划，往往能调动孩子们的智力和生活习惯等各方面的因素，让他们的学习效果大幅度提高。有的孩子早上的记忆力非常强，而有的孩子晚上的思维更加敏捷。对于早上记忆力强的孩子来说，学习计划中要有晨读，这样记忆的东西不会轻易忘记。对于晚上思维敏捷的孩子来说，则应在学习计划中加大晚上学习的力度。这样，才能最大限度地调动身心和大脑，以取得最好的学习效果。

3.选择合适的辅导材料

对于想要提高学习成绩的孩子来说，辅导资料是必不可少的。因为它能在一定程度上拓展孩子们的思维，帮助孩子们将知识应用到生活中去。但是，辅导资料难易有别，甚至应用到的学生学习和思考的方式也

大不一样。孩子们要根据自己掌握的知识特点来选择适合自己的辅导资料。尖子生、佼佼者不妨看一些有一定难度的资料，这样能增强他们处理问题的能力、加大他们思考的深度。而对于一些成绩一般的学生来说，则应买一些一般难度的辅导资料；因为对于他们来说巩固基础更加重要；如果找的辅导资料过难，则会让他们饱受打击，对学习失去信心。

听听我们的意见吧

案例故事

在一条小河边，长着一排小白杨树。小白杨们每天在阳光下歌唱，天空吹着微风，觉得特别惬意，日子有说不出的美好。

有一天，飞来了一只啄木鸟。啄木鸟对小白杨们说："我是一只啄木鸟，我的尖尖嘴巴像把刀，免费给你来治病呢！"

啄木鸟落在第一棵小白杨上说："喂，朋友，我发现你们的身体上生了虫子，我来给你们治治吧！"

第一棵小白杨傲慢地说："谁说我身上有虫子？我比谁都健康呢！"

啄木鸟诚恳地说："你的身上真的长了虫子，你看你的叶子，都开始发黄啦，如果再不治疗，你会病死的。"

第一棵小白杨生气了，说："你的眼睛怎么就盯着别人的缺点呢？我不用你帮忙！"

第二棵小白杨听见了第一棵小白杨和啄木鸟的对话，对第一棵小白杨说："啄木鸟是治虫的专家，它说的一定没错。"

别的小白杨也附和着说："就是就是，啄木鸟你来给我们治病吧！"

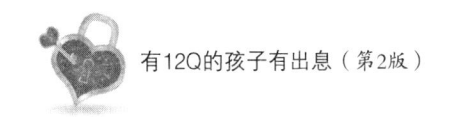

啄木鸟高兴地给别的小白杨捉了虫子，第一棵小白杨还是一副傲慢的、不为所动的样子。

几个月过去了，第一棵小白杨的叶子全部变黄了，而别的小白杨的叶子则绿绿的，都长得枝繁叶茂，第一棵小白杨后悔地说："都怪我没有听医生的忠告，现在变成了这个样子，啄木鸟医生你快来帮我治病吧！"

可是，啄木鸟医生不知道去了哪里给别的树木治病了。

故事中的第一棵小白杨刚开始并不接受啄木鸟医生的建议，不让啄木鸟医生为它捉虫治病，等到别的小白杨都让啄木鸟捉了虫的几个月之后才发现是自己错了，可是，后悔已经来不及了，因为啄木鸟医生不知道又到哪里去帮别的树木捉虫子了。

一个人在没有经验的时候，很容易犯错，在犯了错之后，应该多听听别人的意见，不要一意孤行，否则会给自己带来不必要的损失。所以，你们应该吸取教训，在遇到自己没有经历过的事情的时候，听听周围人的意见，帮助自己更好地解决问题。

应知应会

1.学会接受事情的真相

生活总不会是一帆风顺的，你们要学会接受生活的一些真相。也许你们在处理事情时会遇到很多问题，这时，你们要接受那些问题，只有在心理上接受了，才会有改正。试着听听别人提出的意见建议，是不是比自己的更好，自己的方法是不是还有考虑不周的地方，接受自己的不足，加以改正。

2.多一点虚心，少一点自大

在团队合作中最容易发生的情况就是，某个人很自大，不愿意接受别人的意见和建议，一意孤行，最后让团队遭到了挫败。你们要知道，

在整个团队中，自己只是一分子，你们要尽到作为一分子的义务，让自己少一点自大，多一点谦虚，在团队中更快地成长起来。在班级里也一样，在对待同学时要谦虚一点，不要因为自己在哪一方面比别人强就锋芒毕露，待人接物要有谦虚的态度。

3.接受别人的意见改变自己

每个人在看待一件事情时角度都是不同的，不要认为自己是十全十美的，固执是一种非常不好的习惯，你们要试着接受别的意见来改变自己。能够接受别人的意见，在某种程度上说，也是心胸开阔的一种表现，它会让你拥有更多的朋友；如果固执地坚持自己的想法，它会让你失败并失去朋友。

所以，你们在生活和学习中，一定要让自己谦虚，能够去接受别人的意见来改变自己，同时向别人伸出友谊之手，去帮助别人。这样的话，你们会有更多的朋友，自己也会离成功越来越近。

第8章

志商（WQ）物语：
不怕苦不怕累才能磨炼意志

　　从小磨炼自己坚强的意志，对成长是非常有帮助的。拥有了坚强的意志，对遇到的任何困难都有信心战胜。只有不怕苦不怕累才能锻炼出顽强的意志，还要有耐心，改掉急躁的坏习惯，坚持不懈地努力，朝着目标坚定地前进。在磨炼中，遇到一点点收获都是推动你的良药，带着不达目的誓不罢休的精神，再苦再累都不放弃，这样才能磨炼出坚强的意志。

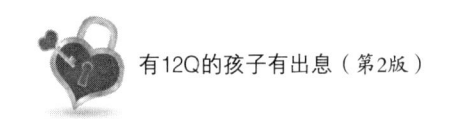

懂得享受生活的快乐

案例故事

曾经有一个犹太少年，他有一个梦想，就是希望自己成为帕格尼尼那样的小提琴演奏家。于是，他每天都刻苦练琴，可是他的父母觉得他拉的小提琴简直太糟了，他完全没有音乐天赋。

有一天，犹太少年去请教一位资历很深的琴师。琴师说："你先拉一支曲子让我听一下吧！"于是，少年拉了一支帕格尼尼的曲子，结果错误百出。

一曲拉完，琴师问少年："你为什么喜欢拉小提琴呢？"

少年说："我想成功，我想成为帕格尼尼那样伟大的小提琴演奏家。"

琴师又问道："孩子，那你在拉琴的时候快乐吗？"

少年不假思索地说："我非常快乐。"

于是，琴师把少年带到自己家中的花园，对他说："孩子，你在拉琴的时候是非常快乐的，这说明你已经成功了，为什么一定要成为帕格尼尼那样伟大的小提琴演奏家呢？你知道吗？在这个世界上，一种花可以结果，另一种花不能够结果。但是，不能够结果的花似乎开得更加美丽，如玫瑰，它们在阳光下肆意绽放，虽说没有任何的目的，但这样也就足够了。"

少年恍然大悟，谢过琴师回家去了。从那以后，他虽然仍常常演奏

小提琴，但不再受困于成为帕格尼尼的梦想。

这位少年就是名震天下的物理学家阿尔伯特·爱因斯坦。

故事中的少年曾经有个梦想，就是成为像帕格尼尼那样的小提琴演奏家，他每天都努力地练习小提琴，但没有获得很好的成绩。在请教了那位很有资历的琴师之后，他发现自己忽略了在练习拉琴过程中所获取的快乐。其实，快乐并非一定要成为自己心中向往的那个样子，而是在追寻向往的过程中获取的。

其实，很多人在追寻自己梦想的时候，都会忽略过程中的快乐，总是要达到目的才会觉得快乐。

应知应会

人生的大快乐就是由一点点小快乐积攒而成的。其实有时快乐就在你身边守候着，关键是你有没有发现快乐的眼睛和心。其实，孩子们在学习和生活中，是非常在乎同学们或者家长对于自己所做的一些事情的看法的，遇见这样的问题的时候，家长应该正确地引导孩子，告诉他们：不要太在乎生活或者学习中的困难，用正确的方法和心态去面对困难，消除不开心的情绪。

1.善于发现生活中的小快乐

人们总是去追求大成就、大快乐，却忽略了生活中的小快乐。其实这些小快乐才是构成生活中基本和经常状态的元素。也许有的同学会因为上课的时候回答了老师的一个问题受到了老师的表扬，而老师的那句表扬足以使他高兴一天。在上学的路上碰到了自己的好朋友，然后一起走到学校，也会让自己有个非常好的心情去学习。一段愉快的和老师的谈话，一场下课之后畅快淋漓的运动，这些充盈在生活中的小事情，每一样都可以带给我们快乐。所以，你们十分需要发现那些小快乐的眼睛和心。

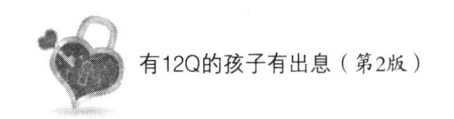

2.懂得享受过程中的快乐

就像故事中的少年,他原本以为,自己只有成为像帕格尼尼那样的小提琴演奏家才会觉得快乐,才算是完成了心中的梦想。当他告诉琴师自己在练习拉琴的过程中是非常快乐的时候,琴师告诉他,结果不重要,重要的是在过程中他已经得到了拉琴带给他的快乐了。生活就好像一张白纸,每一点小小的快乐都是彩色的一笔,聚集这些小小的快乐,就是五彩缤纷的生活。

3.怀有一颗感恩的心面对生活

你们要用颗感恩的心去面对生活,感恩在自然界中的万事万物;感恩每天早晨出门看见的朝阳和下午回家时的晚霞;感恩你们的父母和亲爱的同学们。在你们的学生时代,要每天用好的心情去面对繁重的学业,要保持良好的心态去面对学习,不要把学习当作一种负担,而应把学习的过程当作一种快乐。大家一起来努力,会让你们更快乐,并将感染更多的人同你们一样快乐。

做事需要耐住性子

案例故事

唐代大诗人李白小时候非常不喜欢读书。有一天,他趁老师不在,便悄悄溜出去玩。

他一边四处闲逛,一边东瞧西看。他看见一位老奶奶坐在板凳上,手里拿着一根粗大的铁棒子,在磨刀石上一下一下地磨着,神情专注,以至于李白在她跟前蹲下她都没有注意到。

李白不知道老奶奶在干什么，便好奇地问："老奶奶，您这是在做什么呀？"

　　"磨针。"老奶奶头也没抬，简单地回答了李白，依然认真地磨着手里的铁棒。

　　"磨针？"李白很不明白，老奶奶手里磨着的明明是一根粗铁棒，怎么是针呢？

　　李白忍不住又问："老奶奶，针是非常非常细小的，而您磨的是一根粗大的铁棒呀！"老奶奶边磨边说："我正是要把这根铁棒磨成细小的针。"

　　"什么？"李白有些意外，他脱口又问道，"这么粗大的铁棒能磨成针吗？"

　　这时候，老奶奶才抬起头来，慈祥地望望小李白，说："是的，铁棒子又粗又大，要把它磨成针是很困难的。可是我每天不停地磨呀磨，总有一天，我会把它磨成针的。孩子，只要功夫下得深，铁棒也能磨成针呀！"

　　李白是个悟性很高的孩子，他听了老奶奶的话，一下子明白了许多，心想："对呀！做事情只要有恒心，天天坚持去做，什么事都能做成的。读书也是这样，虽然有不懂的地方，但只要坚持多读，天天读，总会读懂的。"想到这里，李白深感惭愧，脸都发烧了。于是他拔腿便往家跑，重新回到书房，翻开原来读不懂的书，继续读起来。

　　这是著名的"铁杵磨成针"的故事，贪玩的李白因为看到老奶奶要把铁杵磨成针而受到启发，从此开始谦虚且发奋地读书，最终成为著名的诗人和学者。

　　你们在学习的时候，也应该有耐心，不能在写作业的时候想着玩，

或者在遇到难题的时候就想放弃计算，这都是非常不好的习惯。那么，你们应该怎样去培养自己的耐心呢？

应知应会

1.遇事不慌张，让自己先冷静下来

同学们在遇见自己不会做的难题，或者应付不了的事情的时候，要先冷静下来，不要慌张。难的题可以多问问老师或者学习好的同学，问题就会迎刃而解。对于应付不了的事，你们可以问问老师或者家长，毕竟老师或者家长的生活阅历都比我们多，肯定会提出对我们有所帮助的解决方法。

2.克服自己急躁的性格

你们可能会遇到这样的情况，在学习的时候，如果听到别的声音，就会不自觉地被吸引，就想去看一下，于是快速地写完作业，而不注意作业的质量。你们一定要克服自己急躁的性格，无论是对于学习，还是妈妈让我们干的家务活，都要认真仔细地完成。再遇见在学习的时候听到爸爸妈妈看电视的声音，或者窗外小伙伴玩耍的声音的情况，告诉自己一定要先认真完成手中的事情，再去看看或者是玩耍，让自己逐渐克服急躁的性格。

3.虚心向学长和老师请教

在学习的时候，即便遇到自己会的问题，也要认真听老师的讲解，不能低头去做别的事情；如果解题的结果与老师讲的不一样，应该虚心地向老师请教。虚心好学是你们应该拥有的品质，无论是自己做错的还是不会做的题，都应该虚心向老师和同学请教，这是你们应该有的学习态度。

第8章
志商（WQ）物语：不怕苦不怕累才能磨炼意志

说到做到，履行自己的诺言

案例故事

11岁的小华在学校里各方面的表现都不错，只是人缘不太好。

每当老师在课上要求同学们自由组合完成某些课堂练习时，常常没有人愿意和他合作。经过仔细了解，老师明白了其中的原因。

原来小华有一个很不好的习惯：说话不算数。

比如，他有一套新的漫画书，在学校，他会兴奋地告诉大家并讲述这套书是如何如何好。有的同学就问是否可以借来看一看，小华很爽快地就答应了。但回家以后，他越想越觉得舍不得，怕同学们把书看旧了，就不想外借了。同学们一问他漫画书的事，他就找理由推辞。慢慢地大家也就不找他借了。类似的事情还有很多，他都是开始答应得很好，过后又后悔。大家知道他有这个习惯后，就对他有些疏远了。

老师在了解了这个情况之后，找小华谈话，从侧面说："我们应该做个诚实守信的孩子，不应该答应了同学而做不到，这样是非常不好的行为，老师希望你越来越优秀。"

小华羞愧地低下头，跟老师说："老师，我知道自己错了，我一定会改掉说话不算数的毛病的。"

从那以后，小华逐渐地改正了说话不算数的毛病，同学们也愿意和小华一起相处了。

通过这个案例故事，我们懂得了一个最简单的道理，那就是：说到就一定要做到。案例中小华在同学们中间没有做到诚实守信，没有把答应同学们的事情做到，所以同学们也就不愿再向小华借东西了。久而久之，同学们就开始疏远他了，小华的人缘也因此变得不好了，以至于

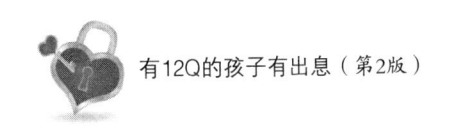

在老师要求在课堂上自由练习的时候,都没有同学愿意和小华一组。那么,你们应该怎样培养自己的诚实守信的习惯呢?

应知应会

一个人如果经常说话不算数,就有可能成为一个不受大家欢迎的人。所以你们该时时刻刻提醒自己,要做个诚实守信的人。

1.在承诺之前要考虑清楚

答应别人的要求之前应该认真想一想,看看自己是否有能力、是否愿意满足对方的要求。如果认为自己的条件还不具备,就不要轻易答应对方。同学们之间可能互相借个书本、杂志,如果能做到,那就可以答应同学。如果是自己能力范围之外的,自己就应该诚恳地告诉对方,自己真的做不到,请同学体谅。

2.在承诺之后要认真履行

少年儿童有时候可能会因为考虑问题不周全而遇到困难,即使如此,也不要轻易放弃,可寻求家长或者老师以及同伴的帮助,把事情做好。有时候答应对方的可能是一件很小的事情,那也要认真去做,不能认为小事情忽略了没关系。同学们在上学期间不会遇到太难的事情,所以答应了同学的事情就一定要尽力去完成。

3.食言之后要及时道歉

如果作了承诺又没有办法做到,应该向对方说明原因,用诚挚的态度向对方表示歉意,今后尽量避免类似的情况出现。不要逃避问题,更不要向同学撒谎,推脱责任,找各种借口来解释没有完成的事情。这些都是非常不好的行为,你们要从小做个诚实守信的人,不能在出现问题之后做出撒谎、推脱责任、找借口这样的行为。

让自己坚持不懈

> 案例故事

达·芬奇从小就十分喜欢绘画,在他14岁那年,他父亲把他送到佛罗伦萨,拜著名的艺术家弗罗基俄为老师。弗罗基俄是一位要求非常严格的老师,他给达·芬奇上的第一课就是画鸡蛋。

刚开始,达·芬奇画得很有兴致,可是到了第二课、第三课,甚至上了很多课,老师还是让他画鸡蛋。这让达·芬奇觉得很奇怪:一个小小的鸡蛋有什么可画的呢?

于是他问老师:"老师,为什么老是让我画鸡蛋而不画别的东西呢?"

老师说:"你不要小看画鸡蛋,鸡蛋虽小,但天底下没有一样的鸡蛋,即使是同一只鸡蛋,在不同的角度不同的光线下也是不同的。画鸡蛋是基本功,基本功要练到画笔能熟练地听从大脑的指挥,得心应手,才算功夫到家。"

达·芬奇听了老师的话很受启发,他开始每天都一丝不苟地画着鸡蛋。一年、两年、三年……达·芬奇画鸡蛋的草纸已经堆得很高了,他的艺术水平很快地超越了自己的老师。

有一次,达·芬奇随老师到希莫尼湖写生,为了给一间教堂画一幅名叫《基督的洗礼》的油画。到了希莫尼湖,老师突然病倒了,没有办法,只好让达·芬奇代替他完成剩下的那部分画。当油画全部完成之后,教堂的人看到这幅画,不禁赞叹说:"好极了,这幅画画得实在太好了,尤其是这一部分。"教堂的人用手指指画的左下角,而那一部分,正是达·芬奇画的。

最终,达·芬奇成为文艺复兴时期欧洲著名的画家。

达·芬奇从小喜欢绘画，因此去拜师学画。他因为画了好几年的鸡蛋而觉得郁闷，于是向老师说出了自己心中的想法，并意外收获了老师画画的真谛，从此更加发奋地练习绘画，很快，他的艺术水平就超越了他的老师，成为著名的画家。你们在看完这则案例的时候，是不是会问问自己，我在学习中，或者在学习某种乐器或技能的时候，是不是也有坚持的态度呢？如果你们在某件事情上没有坚持做完做好，那么以后是不是应该吸取教训，对每一件事情都用坚持做完做好的态度来对待呢？

应知应会

1.从小事做起磨炼我们的意志

"冰冻三尺非一日之寒"，坚强的意志是在无数件小事中磨炼起来的。你们应该注重从生活的各个方面去锻炼自身的意志，如遵守学校的学习和生活秩序，坚持锻炼身体等。

你们在学校学习，或者回到家中在爸爸妈妈的要求下练习一项特长，或者做家务，都要很认真地去对待，不要觉得一件事情很简单很容易，无论事情难或者不难，都要有认真对待的态度。态度决定了一个人的成功与否。

2.遇到挫折也不要轻言放弃

在学习中遇到要学习的知识，在生活中遇到爸爸妈妈要求学习的特长，都要有坚持学下去的念头和信心，不要半途而废。不要一遇到学习中不会做的较难的题或者无法练习得很好的特长就产生不再学习和练习的念头。有恒心的人，纵使失败过，也会有成功的时刻。因为有恒心的人的那颗心是无止境的。你会看到他的毅力、他的努力，还有他为这件事情而付出的汗水。

3.失败了我们再试一次

因为每个人对于知识的学习能力是不同的，所以会产生学习上优秀和良好的差异。在这个时候，成绩不理想的同学不要产生放弃学习的想法，应该更加发奋地学习自己没有弄懂的知识。有恒心的人，即使失败过，也能抹掉心中的泪水，因为有恒心的人懂得快乐来之不易，他明白，如果为看不到太阳而流泪，那么也不会看到群星。有恒心的人，纵使气馁过，也能重新站起来，因为有恒心的人不会轻易放弃。你们要找到解决问题的方法，告诉自己，我可以的，再试一次就会成功的。

有恒心的人，即使收获了成功，也不会放手，因为他知道，成功不是尽头，前面还有广阔的天地，所以他会永远坚持做好自己遇到的每一件事情。希望同学们做个有恒心的人，不气馁，不放手，坚持做好自己遇到的每一件事情，让自己做个坚持不懈的人。

有目标就要勇敢前进

案例故事

有个富豪从城市搬到了乡下，有一天，他在乡下新买的别墅附近散步时，第一次看到农夫插栽禾苗。他看到农夫的手法纯熟而迅速，所有的禾苗一行行排列得整整齐齐，井然有序，如同丈量过一般。富豪十分惊讶，问农夫是如何做到的。农夫没有回答他的问题，只是拿了一把禾苗要他先插插看。

富豪觉得十分新奇，就下到田里，当他插完数排之后，禾苗参差不齐，杂乱无章。

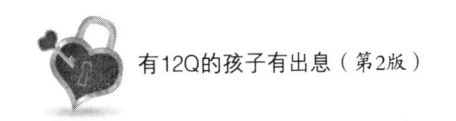

这时农夫告诉他，插禾苗时，只要抬头用目光紧盯住一件东西，然后朝着那个目标笔直前进，就能插得漂亮而整齐。

富豪按照农夫说的话找准了一个目标重新插了一遍，禾苗却变成了一道弯曲的弧形。他再次请教农夫，农夫问他是否紧紧盯住了一个目标。

富豪说："是啊！我紧盯着那一只正在吃草的水牛。"

"水牛边吃草边移动，难怪你插的禾苗变成了弧形。"农夫觉得很好笑，回答他说。

农夫在田里插栽禾苗，需要盯住一个目标才不会把禾苗插歪。而富商把正在吃草的水牛当作目标，于是把一排禾苗插栽成了弧形。从这个案例中可以看出，在做任何一件事情的时候，都要有一个坚定不移的目标，这样，你们在努力的过程中才不会走弯路，离成功更近。

应知应会

1.先确定自己的目标

在做一件事情的时候，首先应该做的就是确定一个自己为之努力的目标。一个人如果没有目标，就像在大海中航行的船只没有灯塔一样，只能漫无目的地四处飘荡，且没有具体的航行路线，最终只会迷失方向。同学们在日常学习中也会遇到类似这样的问题，比如，在学习一门功课之前，应该确立一个明确的学习目标，在完成这个学习目标之前，不要去做别的事情，以免分心。

2.要有坚定的信念

在完成一件事情的时候，会发生这样或者那样的问题，在遇见这些问题的时候，你们应该坚定自己的信念，相信自己可以完成。就像同学们在参加学校的运动会时，在体育运动的长跑中，很多人在跑到中途的时候就会觉得很累，很想退出比赛，在这个时候，你们要对自己说，我

要坚持跑完全程，我要跑到终点，我要再坚持一下。只要在遇见困难的时候坚定自己能够在最终取得成功的信念，你们离成功就又近了一步。

3.微笑面对每一次成功和失败

俗话说"胜不骄，败不馁"，就是要你们能够正确地面对每一次的失败与成功。也许，你们在一次考试的时候有一门课没有考出理想的成绩，但不要因为一次没有考出好成绩而气馁，而是应更加努力地学习这门课。当然，在有了好成绩之后也决不能骄傲，因为你们知道，骄傲会使人退步，要一步一个脚印地学习下去。学会坦然地面对在学习中遇到的每一次"失败"与"成功"。微笑，总会使人产生一种力量，那就是使人更加奋发向上的力量。所以你们要微笑着面对每一次的失败与成功。

要有顽强拼搏的精神

案例故事

一位父亲因为他儿子的事情觉得非常苦恼，他的儿子十六七岁了却一点男子汉的气概也没有，于是这位父亲去拜访了一位拳师，希望这位拳师能够教儿子一些武术，好让自己的儿子看起来有点男子汉的气概。

拳师说："把你的儿子留在这里半年，这半年的时间你不要来看他，半年以后，我一定把你的儿子训练成一个男子汉。"

半年后，这位父亲来接自己的儿子，拳师安排了一场拳击比赛，向这位父亲展示自己半年来的训练成果，与男孩对打的是另外一名拳击教练。那位教练一出手，男孩就应声倒下了，但是男孩马上站起来重新摆好姿势面对教练，就这样反反复复了很多次。

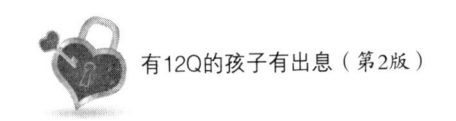

拳师问这位父亲："你觉得你的孩子有没有男子汉气概呢？"

父亲失望地说："我简直无地自容了。我把他送在这里半年了，他一点长进都没有，还是这么不禁打，这么轻易就被别人打倒了，哪儿还有男子汉气概呢？"

拳师听了意味深长地说："我觉得非常遗憾，因为你只看到了事情的表面现象，你没有看到你的儿子在被打倒之后又立刻站起来、重新面对对手的勇气和毅力，其实，这才是真正的男子汉气概！"

故事中的父亲没有看到儿子的进步，每一次被拳师打倒之后，都能够站起来继续面对拳师，这需要很大的勇气，这就是有男子汉气概的表现。而他的父亲却认为只有打败拳师才是真正的男子汉，所以他很失望。拳师最后告诉他，倒下了又有站起来的勇气和毅力的人，就是有男子汉气概的人。其实，人很多时候缺少对生命的渴求和奋斗。那么，你们在生活中遇到困难时，应该怎样应对和战胜困难、磨炼意志呢？

应知应会

1.不被困难所吓倒

只有正视了困难的存在，不逃避，才能去解决困难。也就是在遇到问题的时候不怕问题，能够面对它的发生，从而冷静地解决它。孩子们在与同伴玩耍的时候若遇到了困难，不要去逃避问题，而应勇敢地面对问题。只有正确地面对，才能去解决问题。

2.磨炼坚强的意志

一个人意志力强不强，在其平常对待挫折的态度上就能看出来。意志力是磨炼出来的，只有在遭遇挫折时不怕苦不怕累地认真完成事情，才能够起到磨炼自己意志力的作用。同学们当中有练习长跑的同学，那些练习长跑的同学在平常的训练中，很辛苦，要不怕风吹日晒地经受训

练，他们的意志力就比没有练习长跑的同学要强。

3.有战胜困难的决心

"不怕有心人，只要肯攀登"。很多人在遇到问题和困难的时候，都会产生后退或者置之不理的情绪，这样是不好的。不要怕苦不要怕累，以良好的心态去面对，要有解决问题的决心和信心，如此才能游刃有余地掌控全局，从而达到正确解决问题的目的。

第9章

灵商（SQ）物语：
细心观察，将潜能无限放大

做个细心的孩子，将自己的潜能无限放大。用心留意生活的细微之处，仔细观察小动物的变化，培养自己的好奇心，你会有意想不到的收获。给自己信心，展开你丰富的想象力，不要怕被别人笑话。保持自己清澈的心灵，结交可以对其说心里话的朋友，多发现每天的不同。你会将自己的能力无限挖掘，早日成为耀眼的"明星"。

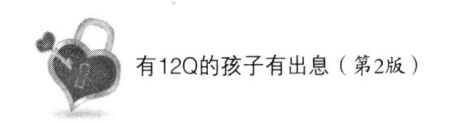

从细心观察小蚂蚁开始

> **案例故事**

这天,爸爸妈妈带着小鹏去姥姥家做客,就在踏进姥姥家门口的一瞬间,鹏鹏大声说:"爸爸,小心!"爸爸以为发生什么事情了,转过身来,只见鹏鹏蹲了下去,说:"爸爸,你小心点啊,你看,你快踩着小蚂蚁了。"爸爸笑着摇了摇头,进屋去了。

很快到了吃饭的时间了,鹏鹏却不见了踪影。爸爸妈妈慌了神,四处寻找,最终在村头的大槐树下找到了鹏鹏,只见鹏鹏蹲在地上,两只眼睛盯着地上忙忙碌碌的蚂蚁。就连妈妈走到了他的身边,他也没有发现。

妈妈问:"鹏鹏,你在做什么呢?"

鹏鹏头也没抬地说:"妈妈,我在观察蚂蚁呢。"

妈妈说:"蚂蚁有什么可观察的啊!"

鹏鹏抬起头,一本正经地说:"妈妈,你说蚂蚁又不会说话,它们是如何进行交流的呢?那么多只蚂蚁一起生活,它们究竟是如何和谐处理彼此之间的关系的呢?"

鹏鹏接二连三地发问,让妈妈不知如何作答。她看着疑惑不解的鹏鹏说:"鹏鹏,能告诉妈妈为什么你会这么问吗?"

鹏鹏说:"也没什么,我就是觉得好奇。"

妈妈:"该吃饭了,大家都在等着你呢。"

鹏鹏低下头，一边继续盯着蚂蚁，一边说："妈妈，你们去吃吧，我不饿。"

整整一个下午，鹏鹏都蹲在老槐树下观察蚂蚁。

回家后，鹏鹏写了一篇关于蚂蚁的作文。很快，这篇作文被老师当着全班同学的面朗读。没过几天，学校里大大小小的学生都知道三年级有个小小文学家。得到了这个荣誉之后，鹏鹏对写作文产生了浓厚的兴趣。

故事中的鹏鹏因为细心观察蚂蚁，写出了非常优秀的作文。在得到了老师和同学们的肯定之后，他对写作文产生了浓厚的兴趣。他细心的观察，激发了他写作文的潜能。在学习和生活中，处处都有学问，只要你认真仔细地观察和研究，在平凡的事情中找到不平凡的知识，那么，你的潜能将会被激发出来。因此，对于同学们来说，只要认真一些、仔细一些，你的学习一定会比别人好，你的智慧一定会比别人的多。简单地说，你将会比别人更加聪明一些。

应知应会

细心的观察，在一定程度上能开拓孩子们的思维，让他们用自己的心去感受这个五彩缤纷的世界，让他们更爱生活。在观察中，他们才会有发现。事实上，很多在大人看来再平常不过的事情，孩子们往往能从中发现不一样的东西。苹果掉到了牛顿的脑袋上，他想到了地球有引力。爱迪生看到母鸡孵化鸡蛋，自己也跑去孵化。这些都是他们细心观察的结果，如果不是细心地观察和思考，他们怎么会有这些奇怪的想法和做法呢？事实上，也正是因为他们有了这些奇怪的想法和做法，才促使他们成为与众不同的人。那么，作为青少年的你们，究竟该懂得哪些观察的方法呢？

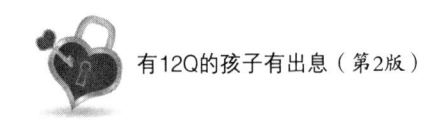

1.养成观察的好习惯

俗话说"习惯成自然",当你有了观察的习惯后,你对身边的事物就会比较敏感,下意识里就想去了解它们,所以说,养成观察的习惯是细心观察的前提,对于处于成长期的青少年来说更是如此。在学习和生活中,要有意识地观察,并将这种有意识养成习惯。这样,不论在何时何地,你都会对周围的一切有一个清晰的认识和了解。时间久了,你会发现,你的生活变得更加丰富多彩,你能感受到别人没有的快乐。

2.观察时不仅要看,还要想

观察事物的时候,不仅要用眼睛看,还需要动脑子思考。如果只用眼睛看,那么你看到的只是一种表面现象,对事物并没有清醒的认识。事实上,不用脑袋思考也不能称之为观察,只能说是在看。随着时间的推移,这种感官的刺激会慢慢地消失,这时候你依然一无所知。因此,同学们在观察身边的事物时,要多开动脑筋去思考,多问几个为什么。比如,刮风下雨了,想想是为什么,天上出彩虹这又是为什么,为什么有时候有彩虹有时候没有……这样你才会更加清楚地了解生活中的一些自然现象,增长知识。

3.全神贯注才会有所收获

青少年往往很好动,很难静下心来全神贯注地观察,以致他们观察了却没有任何的收获。当事物发生变化的时候,如果孩子们的心在别处,即使是观察到了,想到了,也会很快忘记。比如,观察金鱼的生活习性时,正巧动画片开始了,而且是孩子们最喜欢看的灰太狼和喜羊羊,这时候即使他们在观察,也没有任何的收获。在观察的时候,一定要全神贯注,注意力高度集中,这样才能观察到一些细微的变化。

要的就是你的想象力

> **案例故事**

爱迪生小时候只上过三个月的小学，他的知识都是靠母亲的教育和自修得来的。他的成功，应该归功于他的母亲从小对他的谅解和耐心的教导，是母亲的爱与教育使得原来被人们当作低能儿的爱迪生长大后成为举世闻名的"发明大王"。

他小的时候，在一个下着大雪的夜晚，他的妈妈突然病倒了，爸爸急忙找来医生，医生说："她得了急性阑尾炎，必须马上动手术。"

那时候只有油灯没有电灯，油灯的光线非常暗，如果不小心就会开错刀。爱迪生突然想到一个好办法，他把家里所有的油灯都拿来点亮，再把一面镜子放在油灯的后面，利用镜面反射的亮光，使医生顺利地做完了手术。

医生说："孩子，是你的智慧救了你的妈妈。"爱迪生拉着妈妈的手，说："妈妈，我要制造一个太阳给你。"

也正是凭着这样的想象力，在此后的日子里，爱迪生致力于研究和发明电灯泡，他实现了给妈妈的承诺，给妈妈制造出了一个小太阳。

爱迪生长大后在新泽西州建立了一个实验室，一生共发明了电灯、电报机、留声机、电影机、压碎机等总计两千余种东西。正是因为爱迪生的创造发明精神，才使他对改进人类的生活方式作出了重大的贡献。

故事中的小爱迪生因为妈妈生病了需要做手术却没有足够的亮光，于是想到了镜面反射的原理，找来家里所有的油灯，让医生顺利地做完了手术。也正是因为这件事情，使他产生了要给妈妈制造一个太阳的想法。他不断地寻找和实验做出通电灯泡的方法，在经过了无数次的失败

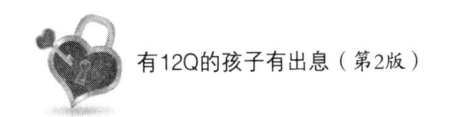

之后终于获得了成功。

其实，有时候你们就是缺少这么一份"想象力"。如果你们也有像爱迪生一样的想象力并付出行动，我相信，你们也会成功的。想象力是生活不能缺少的一部分，有了它，生活才能更加精彩。那么，如何挖掘你的想象力呢？

应知应会

1.不要怕说出你的想法

在对于一件事情或者事物有自己的创新意识的时候，就应该大声说出来。有时候孩子没有勇气说出自己的想法的原因是多方面的，比如，他担心他的想法会遭到别人的嘲笑，觉得他的想法是不可能实现的。在这个时候，父母就应该多去鼓励孩子说出自己的想法，发挥自己的想象力，在鼓励孩子们自己动手的时候，父母也应该给予一定的帮助。

2.多问几个为什么

在遇见自己不明白的事情时，要学会多问几个为什么，把自己不明白的事情弄明白。要有不耻下问的精神，这样的精神是你们在学习的道路上最好的品性。如果自己还是没有弄明白事情，不如动手来做，在动手的过程中，你们也能收获更多的在书本上学不到的知识。

3.要明白，任何想象都有可能是合理的

要知道没有人是第一次动手实验就能成功的，所以，在失败之后不要气馁，要去再试一次。要明白，任何的想象都是有可能合理的，自己不去动手寻求答案，就永远不会知道真实的结果。在没有动手去寻找答案之前，光凭自己的想象是得不到答案的。在生活和学习中也一样，你们千万不要气馁，也许再试一次就会成功。

其实，生活需要你们的想象力，因为有了想象力的存在，你们的生

活才会更加精彩。没有想象力的生活是黑白色的，有了想象力的生活才会变成彩色的。生活，需要你们的想象力。

一颗清澈的心很重要

案例故事

8岁的爱迪生只上了三个月的小学就被劝退了，老师告诉他的妈妈，他总是在上课的时候向老师提出一些奇怪的问题，老师认为他是一个低能的孩子。于是妈妈决定自己来教导爱迪生学习知识。妈妈希望他成为一个伟大的发明家，于是把家中的地下室设置成一个实验室，让他去做实验。为了不让别人动自己的实验品，爱迪生想到了一个好办法，就是在每个实验品的瓶子上都贴上"毒药"的标签，果然，没有人再敢随便动他的东西了。小时候的爱迪生很爱问问题，常常问一些奇怪的问题，让大家都觉得很烦。家人也好，路上的行人也好，都是他发问的对象。当他对于大人们的答案不满意的时候，就会自己亲自再去实验。

有一次爱迪生看到了鹅舍里的母鹅在孵蛋，他就问妈妈："妈妈，为什么母鹅总是每天坐在草堆里呢？"

妈妈说："那是因为母鹅在孵蛋呢。"

爱迪生听了妈妈的话就想，母鹅可以坐在那里孵蛋，那我也一定可以孵蛋。

过了好几天，爸爸妈妈发现爱迪生每天都往鹅舍跑，不知道去干什么了。妈妈就去问爱迪生："爱迪生，你整天往鹅舍跑，是去干什么呢？"

爱迪生的回答让大家都捧腹大笑起来，他说："我在孵蛋呀。"

年幼的爱迪生因为对很多事物都感兴趣，多问了些为什么，被老师当作是低能儿，还被禁止再去学校上学，但这并不妨碍父母对于他的关怀和爱，也不妨碍他最终因为多问了那么多为什么而成为伟大的发明家。

孩子们的想法总是充满了童趣，爱迪生认为，既然鹅妈妈可以孵出小鹅，那他也可以，于是做出了让爸爸妈妈啼笑皆非的"孵蛋行动"。由此可见，怀有一颗赤子之心是多么快乐的一件事情，它能让你的生活因此而充满欢乐，让你的生活变得丰富多彩。那么如何让自己拥有一颗清澈的心呢？

应知应会

1.理解父母善意的微笑

很多时候，当我们搞砸了一件事情，或者说了让爸爸妈妈觉得有意思的话时，人们都会笑话我们。其实，这不是真的笑话我们，只是他们在我们身上看到曾经的自己，也许他们在我们这个年龄的时候，也会做出让大人啼笑皆非的事情。所以，你们不要害怕爸爸妈妈的善意的微笑，他们是爱你们的，怎么会嘲笑你们呢？

2.不要怕做错事情

每个人在尝试一件事情的时候，都不会是轻易就成功的，你们作为学生，更不应该怕做错事情。在学校的时候，你们要真诚地对待老师和同学，在家里的时候，你们要尊敬爸爸妈妈，如果做错了事情，只要能够及时地承认自己的错误，就是好孩子。

3.不要有太多的心思

随着年龄的增长，你们应该保持幼时的心态，把每件事情每个人都想得简单一些。在看待和寻找某些答案的时候，不要想太多，只要按照

自己最初想要得到答案的意愿去做就好了，不用去担心别人看待自己的眼光。让自己怀有一颗赤子之心，对事物抱有最初的好奇就够了。

也许，很多事情没有你们想象中的美好，那么，你们能不能保持最初的那份纯真去对待你们身边的每一个人、每一件事呢？相信生命中美好的事情，为大自然给予的蓝天白云而感恩，为爸爸妈妈的辛苦操劳而感恩。让我们每一个人都怀有一颗清澈的心，更加简单地生活和学习吧！

要给自己信心

案例故事

很久很久以前，有一个传说故事，这个故事是和一只叫精卫的小鸟有关的。

在一个森林里，有一种鸟，它的形状像乌鸦，头上羽毛有花纹，白色的嘴，红色的脚，它的名字就叫精卫，连它的叫声都像是在呼唤自己的名字一样。

原来，它是炎帝的小女儿，名叫女娃。有一次，女娃去东海边游玩，却没想到溺水身亡了，她觉得很冤枉，于是化作了精卫鸟，经常叼着西山上的树枝和石块往东海里投，想要把东海填满。

人们看见这只小鸟每天都不停地飞来飞去的叼树枝和石头，就问它："精卫鸟啊，你每天这样叼树枝和石头丢在东海里是为什么啊？"

精卫鸟说："我就是想把东海填满，这样再也不会有小孩在东海溺水了。"

人们又说："东海那么大，你什么时候才能填满呢？还是放弃吧！"

精卫鸟摇摇头说："不！我不会放弃的，我相信我可以把它填满的。"

就这样，精卫鸟日复一日、年复一年地叼着树枝和石头填东海，但东海始终没有被精卫鸟填满。直到今天，精卫鸟的后代依然在进行着它的工作。精卫填海的故事，你们在小学的时候就学过，老师也让你们在学习上学习精卫鸟的填海的精神，坚持不懈地相信自己可以把东海填满。

任何事情，只要有信心，就一定能够办到。不要因为一次考试或一件事情做得不完美就失去信心，觉得自己做什么都不行了，要正确看待自己的能力，不要自我贬低。应该分析自己的优势，找到自己的不足之处，调整好自己的心态，增强自己的自信心。

应知应会

1.暗示自己能够做好

每件事情在进行的过程中都会遇到想不到的挫折，在遇到这些挫折的时候，你们应该用心理暗示的方法，暗示自己只要再努力一点就可以成功。如果你们有一次考试没有考好，那么你们可以暗示自己，只要努力，下次一定可以考好。用这种心理暗示的方法，调整好自己的心态，鼓励自己，增强自己的自信心。

此外，一个好的仪表，也能增强一个人的自信心。你们可以在早晨出门的时候对着镜子给自己一个微笑，说一声"相信我是最棒的"。这也是一个心理暗示的方法，可以增强自己的自信心。

2.坚信自己一定能行

一件事情没有成功，可能是你们的做事和学习的方法不对，所以才导致了失败。所以，你们应该多和其他人交流沟通，多请教比你们优

秀的同学和老师，找到问题的根源，取长补短，努力改正和正视自己的不足，提高效率，相信自己一定可以克服困难，给自己增添信心和成就感。不管在学习还是在生活中，无论做什么都要抓住重点、找准方法，有清晰的思维，你就能够获得最后的成功。

3.保持良好的精神状态

你们应该在平时多参加体育活动，增强自己的体质，控制生活和学习的节奏，做到劳逸结合。每天都保持良好的精神状态，克服浮躁的心态，在学习上要有坦诚的态度，不要不懂装懂。一个人的精神状态在一定程度上决定了他是不是一个有自信心的人，所以要每天保持一个好的精神状态。

失败谁都会经历，失败给人造成的压力负担都会很大。每个人遭遇挫折时的态度也不一样，有些人顶不住压力和烦恼，后退了；有些人就把这些作为动力，反倒进步了，这就要看失败者有没有给自己信心、相不相信自己的能力了。

所以，自信心对于你们是非常重要的，在任何时候，遇见任何事情，你们都要给自己一个微笑，给自己一点自信心，相信自己是可以的。

你有没有可以说知心话的朋友

案例故事

马克思和恩格斯是无产阶级的伟大导师。他们是志同道合的朋友，也正因如此，使他们成为了无话不说的朋友。

1844年，马克思在巴黎的时候，恩格斯去看望了他，并且在一起住

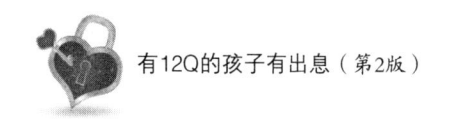

了10天，对一些问题作了交谈，发现对方对一些问题的看法和自己完全一样，这次的谈话奠定了他们终身的战斗友谊和合作。

马克思和恩格斯在人生和革命的道路上奋斗了40个春秋之后，恩格斯说："马克思是我最好的最珍贵的朋友，他给我的是无法用言语来表达的。"马克思说："我们之间存在的友谊是何等珍贵！"

欧洲1848年革命失败以后，马克思住在伦敦，恩格斯住在曼彻斯特，虽然不能像以前一样一起生活、一起工作，但他们仍保持着密切的书信往来。他们几乎每天都会通信，如果对方回信回得晚了，另一方就会感到不安。有一次，恩格斯隔了好几天都没有给马克思回信，马克思就写信风趣地问他："亲爱的恩格斯，你在哭泣还是在欢笑？你睡着了还是醒着？"既是问候，又是关切，还有很亲密的感觉。

他们这样的友谊是前无古人的友谊。

马克思和恩格斯的友谊是坚定的，他们可以对对方说出自己心里所想的，而不会隐瞒什么。他们之间无话不说，甚至能开对方的玩笑，而对方也并不觉得有何不妥，反而增进了他们之间的友谊。

他们之间是志同道合的朋友，他们不停地交流，不断地取得共识。那么，你们在生活和学习中有没有那么一个可以说心里话、坦诚相待的朋友呢？

应知应会

1.首先做到坦诚相待

人与人之间的交往是建立在坦诚相待的基础上的，如果不能坦诚相待，那么也就没有长久的友谊了。在与同学的交往中也可以看出，那些不说大话、答应别人的事情都能够做到的人，他们的身边往往有很多的朋友。像那些又说大话又不能诚实守信的人，身边自然没有什么好朋

友。在与朋友的相处中，要能够发现他的闪光点，不要吝啬你的赞美，要诚恳地对对方说出你的赞美之词。

2.尽可能鼓励别人

每一个人都需要别人的鼓励，就像春天的小树需要阳光、雨露一样。你要积极地称赞他人获得的成功，即使这个成功是小小的，称赞如同阳光一样，缺少它的存在，你们就没有成长的养分。时刻记着，你的称赞永远不会多余。你在称赞别人的时候，要充分说明理由，不要让别人觉得有谄媚的含义在里面。不要去贬低别人，时刻给别人鼓励和信心。你要让对方觉得，你时刻站在他的身旁，会一直鼓励他，会给他加油鼓劲。

3.如果犯了错要及时承认错误

不怕犯错，就怕犯了错不改正。当你和朋友们发生摩擦的时候，如果是自己的原因，一定要及时向对方承认自己的错误，以期获得对方的原谅。不要一直自我感觉太良好，要非常谦虚地和朋友们相处，这样你的身边才会有更多的好朋友。

生活中，你们会遇到很多的苦恼，在遇到苦恼的时候，好朋友就成了你们的倾诉对象，他会帮你们排忧解难，他会安慰你们。你们也会在困难中更加珍惜对方，发现对方的珍贵。只要你们能够在与朋友的交往中坦诚地对待对方，能够理解对方，我想，你们也会在生活中有个能够说心里话的朋友。

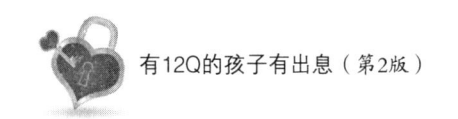

要多发现每天的不同之处

案例故事

周末的时候，老师布置了一篇周记，题目是《感恩的心》。回到家，雯雯就躲进自己的卧室，写起了作文。

周一下午的作文课上，老师把雯雯的作文当作范文，读给了大家听。

雯雯是这样写的：

感谢妈妈昨天晚上检查作业的时候发现了我的错误，并指给了我。我知道，这样我就有更多的动力去好好学习、不再犯相同的错误了。虽然，我有点难受，自己做错了题，但这是让我改正和前进的动力。

感谢昨天的羽毛球活动，虽然在各种双打比赛中我们组输了，但还是打得很开心。昨天随口说我要回家看羽毛球的教学视频，结果中午去和同学买书了，下午老师问我看没看，我说没看，然后心里有点后悔了。以后，我说到的事情一定要做到，不能说过就忘记了，以后我会注意的。

感谢今天早上的公交车没有晚点，而且正好有个空位，不用站着去学校了。昨晚写作业写晚了，就在座位上小憩了一会儿，感觉很不错。

感谢中午决定以后都要做有主见的人，现在要学会做自己，不要再为别人作太多的迁就和改变，要像妈妈说的，遵从自己的内心。

感谢每天都是新的一天，都有着和昨天不一样的内容和风景。妈妈说，要多发现每天的不同之处，善于发现生活中美好的事情。妈妈还说，明天是新的一天。

雯雯的作文读完了，老师说："雯雯的作文写得非常好，她能够发现每天的不同之处，用一个好心情去学习和生活，是值得我们大家学习

的。同学们，我希望你们也能够像雯雯一样，用自己的眼睛用自己的心去感受每一个新的一天。"故事中的雯雯，能够用自己的眼睛、自己的心去发现和感受每一天的不同，是非常值得你们学习的。感谢妈妈、感谢对手、感谢错误、感谢没有晚点的公交车，这些平凡的事物都是值得感谢的对象。

你们也应该像雯雯一样，善于发现生活中美好的事情。就算失败了，也要相信明天是新的一天；也要微笑着，充满信心地迎接新的一天。也许在平常人的眼里，雯雯所描写的事情都是那样地微不足道，可是，在她看来，一切都是值得感谢的。有颗感恩的心，会使你的生活更加精彩，会让你更加善良，从而拥有更多的东西。

应知应会

1.对生活要有足够的敏感

生活不是一帆风顺的，在遇到挫折的时候应该坦然地接受，难过悲伤也好，开心快乐也罢，都是生活的珍宝。你们要对生活有足够敏感的感觉，发现每一天的不同，以及每次失败的不同原因和产生快乐的不同原因。一个人的敏感的细腻并不完全代表着多愁善感，对每天生活中的微小快乐的敏感，其实是感觉幸福的来源之一。

2.无论做什么都要认真仔细

你们要学会在做任何事情的时候都要有同样的认真和自信，用相同的态度去对待。并不是每个人都能够像电影和戏剧里生活得那么精彩，蕴藏在平淡生活中的小小幸福更值得你们珍惜。就像案例中的雯雯一样，因为她认真地对待生活中的每个小的细节，才会发现他人不能发现的快乐。你们也应该像雯雯一样，去发现生活的美好，珍惜所拥有的东西。

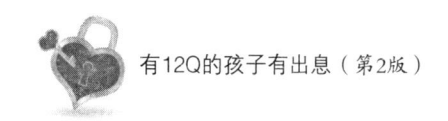

3.多留意身边的小细节

案例中的雯雯,她会因为妈妈帮她检查出了错题而感谢,她会因为去上学的公交车没有晚点、有个空座位小憩了一会而觉得幸福,会因为一场酣畅淋漓的运动而开心。她善于用自己的眼睛去发现、用自己的心去感受,你们也应该像雯雯一样,多留意身边的小细节,在小细节中得到快乐,学会感恩。

生活不是电影和电视,没有那么多场景跌宕起伏的情节,生活有的只是平淡和真实。所以,你们更应该用心体会生活的美好,每一天的生活都是不同的,每个今天都有昨天没有的精彩和快乐在等着我们。

累了,不开心了,就去寻找一下今天拥有的比昨天多的快乐和闪光点吧!让自己始终相信,明天又是新的一天!

第10章

财商（FQ）物语：
正确看待金钱，做个小小理财师

学会理财的关键是要树立正确的价值观、人生观，就是要正确地对待金钱。学着理财，从自己的第一笔零花钱开始，从合理分配自己的压岁钱开始，不要养成乱花钱的习惯，给自己作个小计划。把还用不着的钱存起来，留着需要的时候用。从小学习克制自己的购买欲望，以避免冲动消费造成金钱的浪费。如果你衣食无忧，那么还有许多山区的贫困孩子需要你的帮助。

树立正确的金钱观

案例故事

丛飞原名张崇，生于辽宁省盘锦市大洼县庄台镇的农村，自小努力上进。他虽收入并不丰厚，但进行了长达11年的慈善资助，他资助了183名贫困儿童，累计捐款捐物300多万元，被评为100位新中国成立以来感动中国人物之一。

丛飞是一名歌手，一名深圳首批"义工"，一位被确诊为胃癌的患者，他8年间义演300多场次，义务服务时间加起来超过3600个小时，他不仅"唱"而且"捐"。他一路走来一路行善，几乎倾其所有，甚至令自己背上了17万元的债务。

在义演舞台他是歌手丛飞，在178个孩子口中他是爸爸丛飞，在深爱他的妻子心中他是男人丛飞，在许多人眼里他是好人丛飞。丛飞是著名歌唱家郭颂的"关门弟子"，他每场出场费上万元，可整整10年，他"一穷二白"，没有积蓄，家里甚至没有电冰箱，同行几乎都有小车、住房，而他出门却是一辆自行车，后来才按揭购买了一间58平方米、一室一厅的小房。除了日常的开支，他的收入几乎都用于捐助四川、贵州等贫困山区辍学的儿童。

面对弱势群体，面对失学的学生，面对那些需要帮助的人，他付出难能可贵的人间温情和真情，他那无私奉献博大的爱，催人泪下，令人

肃然起敬。

爱心大使丛飞生前立下遗嘱捐献眼角膜，履行他最后的爱心之举，为活着的人留下光明。在去世前的10天，丛飞和父亲向医院郑重提出，停止静脉补药治疗，仅保留镇痛治疗。丛飞说："我希望能把这些费用用到其他有治疗价值的人身上。"他还提出，去世后捐出眼角膜。丛飞捐献的眼角膜使5名眼疾患者受益。

丛飞的故事感动了很多人，你们在感动之后，也应该重新审视自己的金钱观，树立正确的金钱观，把钱用在最需要的地方。也许你们平时没有很好地使用每一分钱，那么，你们是不是可以从现在开始合理地计划每一分钱的使用，你们是不是也能像丛飞那样把省出来的钱捐给最需要的人，是不是也能去帮助那些生活在社会最底层的人群呢？那么，如何才能有正确的金钱观呢？

应知应会

1.金钱是来之不易的

金钱对于每一个人来说，都是需要付出劳动才能获得的。你们现在还处于学生阶段，所花费的每一分钱都是父母通过劳动换来的。你们要体会父母工作的辛苦，当父母给你们零花钱的时候，你们应该能不要就不要，要明白，金钱是来之不易的。

2.学习父母对金钱的合理分配

父母在生活中需要合理分配金钱来维持正常的日常消费，所以，你们可以请教父母，问问他们是怎么进行分配的，他们是怎么在衣食住行上分配金钱的。你们在分配自己的零花钱时要学习父母，将钱分配好，比如，我要用多少钱来买书买学习用具等，要养成不乱花零花钱的好习惯，珍惜父母的每一分辛苦钱。

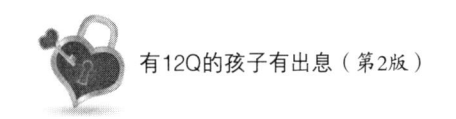

3.父母要以身作则，言传身教

在教育自己的孩子时候，家长一定要言行一致，要以身作则，这样孩子们才能从他们观察的现象中学到正确的东西。其实，孩子的很多品行都是直接从父母身上学到的，父母在金钱上有正确的金钱观，那么孩子自然也会耳濡目染，在处理金钱的问题上就会处理得更加恰当。

最后，家长要知道钱是个双刃剑，有时候钱是最能直观试出人格的东西。所以，从小培养孩子正确的金钱观、价值观、在金钱上面的责任感，比最后给孩子留下多少财产更重要。

第一笔零用钱买了什么

案例故事

1949年8月，中国人民解放军路过雷锋的家乡。雷锋看见宿营的队伍一住下来便向老乡问寒问暖，还帮助老乡挑水、扫地，买柴买菜按价付钱，不拿群众一针一线，就从心底萌生了参军的愿望。雷锋找到部队的连长，坚决要当兵，当连长得知他苦难的身世后，告诉他，他还小，等长大了才能当兵，并把一支钢笔送给了他，鼓励他要好好学习，长大了才能保卫和建设祖国。

1959年12月初，新一年的征兵工作开始，雷锋如愿以偿地加入了人民解放军。

一次，雷锋外出，在沈阳站换车的时候，一出检票口，他发现一群人围看一个背着小孩的中年妇女，原来这位妇女从山东去吉林看丈夫，车票和钱丢了。雷锋用自己的津贴费买了一张去吉林的火车票塞到大嫂

手里，大嫂含着眼泪说："大兄弟，你叫什么名字，是哪个单位的？"雷锋说："我叫解放军，就住在中国。"

雷锋被战友称为可敬的"傻子"。

雷锋把自己的藏书拿出来供大家学习，被人们称为"小小的雷锋图书馆"。他帮助同志学习知识，同班战友乔安山文化程度低，雷锋就手把手地教他认字、学算术。同班战友小周父亲得了重病，雷锋知道后，以小周的名义给家里写了信又寄去10元钱。战友小韩在夜里出车时棉裤被硫酸水烧了几个洞，雷锋值班回来发现后，把自己的帽子拆下来，一针一针地为小韩补好裤子，轻轻地盖在他身上。知道这个情况的乔安山说："为了给你补裤子，雷锋半宿都没睡！"

雷锋的故事你们都学习过，雷锋的精神是你们学习的榜样。雷锋自己舍不得花一分钱，在国家或者是需要的人身上却从来都不吝啬。他认为，这样才是把钱用对了地方。

你们每年过年的时候都会有压岁钱，你们在拥有这笔压岁钱的时候，有没有把钱用对了地方呢？你们是不是也能像雷锋一样把这些压岁钱拿来做些有意义的事情呢？比如，可以买些书寄给贫困山区的孩子们，可以给妈妈买个她想买却没买的按摩器，给爷爷买个新的茶杯等。

应知应会

1.请教父母，让他们来帮忙

其实，你们不知道如何使用自己的第一笔零用钱的时候，可以去问一下父母，听听他们的意见和建议。家长在孩子小的时候就要对孩子进行金钱观念的教育，要让孩子懂得金钱来之不易，要让孩子知道，在力所能及的情况下，要去帮助那些需要我们伸出手去帮助的人群。

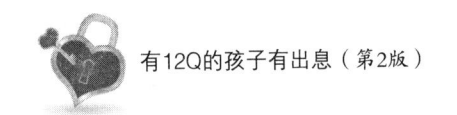

2.给山区的孩子寄个新书包

第一笔零用钱对于孩子们来说，是一笔非常可观的财富，可能你们会想买自己渴望已久的一套图书、一件喜欢的玩具、一件妈妈没有答应给你们买的衣服等。这些都是有可能的。但你们能不能用这些钱来做些有意义的事情呢？比如，可以买点糖果去福利院分给那里的孩子们，买几本书籍送给希望小学的孩子们，这些都是非常有意义的事情。你们帮助了别人，别人开心你们也会开心，这就是帮助别人最大的快乐所在。

3.有正确的金钱观念

家长应该培养孩子们的消费观念，让孩子有正确的金钱观念，能够正确地支配金钱。孩子们应该锻炼自己的理财能力，看看父母一般是怎么理财的，一来可以使自己变得节俭，该花的钱花，不该花的钱就不花，养成良好的习惯！二来也可以锻炼自己的理财能力，何乐而不为呢？

压岁钱能做点什么

案例故事

今年春节，小明像往年一样收到了许多压岁钱。妈妈对小明说："你今年长大了，今年的压岁钱由你自己来支配，我希望你能做些有意义的事情。"小明绞尽脑汁，想到了这几个方案：

1.交作业本费和其他的一些学习上的费用。这样既可以减轻爸爸妈妈的负担，又能够培养我的家庭责任感。

2.订阅一些与学习有关和对自己成长有促进作用的书报，以丰富课外知识，增长见闻，陶冶情操。

3.把一些钱存入银行,为以后上高中、上大学积累学费和生活费。如果每年都把大部分的压岁钱存入银行,那么到上高中和大学的时候,自己就不必再向父母要学费和生活费了,又能帮父母节省一大笔费用。

4.留出很少的一部分,等爸爸妈妈过生日的时候,给他们买一份小小的礼物。或者在学校举行捐款捐物的时候,捐一些给希望小学的同学们,让他们有课本可以学,有学可以上。

小明把列好的方案给妈妈看,妈妈看完直夸小明长大了,能够合理安排自己的压岁钱了,说小明是个既懂事又聪明的好孩子。

压岁钱对于每个孩子来说都是非常可观的一笔财富,那么,你们自己在拥有压岁钱的时候,是不是能够合理地安排呢?像案例中的小明,他就合理地安排了自己地压岁钱。你们是学生,首先应该把一部分的压岁钱用于自己的学习,再存一部分用于将来的生活和学习,最后可以留一点当作零花钱。我们应该学习小明,合理地安排自己的压岁钱,不随便乱花钱。

随着时代的发展,现在有的孩子的压岁钱越来越多,那么,在孩子有这么多压岁钱的同时,家长是不是应该给孩子灌输一种正确的理财观念,让孩子们从小就能够合理地安排自己每年的压岁钱呢?那么,如何支配压岁钱呢?

应知应会

1.家长要作正确的教育和引导

现在的孩子能够拿到几千元甚至更多的压岁钱,有的家长觉得应该全部给孩子,让孩子自己去支配;有的家长则把孩子的压岁钱全部收回来,觉得孩子们过早接触金钱是不好的事情。到底哪种更适合帮助孩子们培养他们的财商,让钱能够正面地影响到孩子?其实,家长可以先帮孩子们管理这部分压岁钱，如作基金定投，如此一来，在孩子以后上学的时候就可以用到了。孩子在自己管理压岁钱的时候，也应该像爸爸妈妈那样合理规划自己的教育准备金。

2.合理规划自己的压岁钱

事情有轻重缓急之分，你们在拿到压岁钱的时候，应该先用它去解决最重要的问题，那就是自己的学费以及学杂费的问题。在这个问题解决之后，你们就可以考虑把剩下的一部分存到银行，以备以后再用。有些同学可能会把大部分的钱都用来买自己喜欢的东西，这样是不可取的，学生应该以学业为重，要在学习上投入大量的时间和金钱。

3.在力所能及的情况下让钱花得更有意义

父母应该从小教育孩子，要帮助需要你帮助的人们，不要吝啬伸出你的双手。在经济落后的偏远山村，还有许多因为没钱而不能上学的小朋友，你们是不是能够去帮助他们？也许你们捐出的100元钱就可以让一个孩子上完一个学期的课。与他们共同生活在同一片蓝天下的你们，是不是可以帮助那些需要你们帮助的孩子？你们要把自己的压岁钱花得更有意义。

对于压岁钱的合理安排，既能使你们有正确的金钱观，又能锻炼你们的理财能力，何乐而不为呢？所以，你们在拥有自己的压岁钱的时候，应该合理地去安排，不要养成乱花钱的习惯。大家都力争做个"小小理财家"吧！

钱不乱花，作个小计划

> 案例故事

夏天，11岁的涛涛参加妈妈给他报的"相约清华、北大"夏令营时，妈妈又额外给了他600元的零花钱，并一再叮嘱涛涛不要随便乱买东西。涛涛没有听妈妈的话，他心里窃喜的是：不仅能够去游览名校，还能够自由支配自己的600元"巨款"。

一路上，涛涛每到一处，只要是看见新鲜的小玩意，一定要买上一件，于是，在食宿不用花钱的基础上，涛涛将600元钱全部用来买了并没有多大用处的小玩意。

兜里没有一分钱的涛涛打电话向妈妈求助，妈妈听完涛涛没钱的原因非常生气，她告诉涛涛："我跟你说了不要乱花钱，你为什么还是不听？我不会给你打钱的，也不允许你向同学借钱。剩下的几天，你就好好地反省一下。"

听了妈妈的话，涛涛慌了，这时，与涛涛同行的小伙伴向他伸出了友爱之手，小伙伴们给涛涛筹集了50多元钱，还给他买了面包和饮料。

夏令营结束的时候，涛涛向每一个参加夏令营的小伙伴都赠送了一件自己买的小玩意，伙伴们也都开心地收下了。

回到家，涛涛向妈妈保证以后会听妈妈的话，再也不乱花钱了，不会再买那些没有用的小玩意了。妈妈听了很开心，说涛涛这次参加夏令营长大了不少。

故事中的主人公涛涛，刚开始没有听妈妈的话，把妈妈给他的钱都买了没用的小玩意，在他没有一分钱的时候，是同行的小伙伴帮助了他。最后他知道自己错了，向妈妈保证以后不再乱花钱，尤其是在出门在外的时候。妈妈看到涛涛因为这件事而长大了之后，也非常高兴，觉得这趟夏令营去得很值得。

每年到了寒假或者暑假，都会有各种各样的夏令营和冬令营，家长给孩子们报名的原因很简单，就是让孩子们出去长长见识，回来以后可以更加珍惜学习、更加用功学习。那么，在日常的生活中，我们又应该怎样做到不乱花钱呢？

应知应会

1.给自己开个银行账号

对孩子们来说，在过年的时候收到的压岁钱，或者在平常爸爸妈妈给的零花钱，都是一笔财富。在这个时候，你们还不能熟练地支配这些钱，所以，应该要求爸爸妈妈给你们在银行开个账号，把零用钱都存进银行，当自己需要用钱的时候可以让爸爸妈妈帮忙取出来。这样你们可以控制自己的花钱欲望，并在爸爸妈妈的监督下正确地使用钱。

2.草拟一份用钱的计划

为了不让自己乱花钱，可草拟一份计划。你们应该按照先用在学习上、后用在生活上这样的次序来安排支出，并且严格控制在自己所有的钱的总额的范围内。你们毕竟还是学生，应该把大部分的钱用在买对学习有用的书和资料上。这样制订花钱计划，就能把钱用在该有用的地方了。

3.记一笔花钱的流水账

孩子们可自己记一笔流水账，以便清楚地知道自己在这段时间把钱用在了什么地方，这一年把钱用到了什么地方。你们所花的每一笔钱，都应该记清时间、用途和使用金额，这样你们就能对自己的财务状况有所了解。在父母问起来的时候，也有交代。同时，你们也会在不知不觉

中养成不乱花钱的好习惯。

你们应该从小就养成不乱花钱的好习惯,合理地安排爸爸妈妈给的零用钱,钱要用在该用的地方,而不能胡乱买些没有用的东西。没必要买的东西就不买,没必要花的钱就不花,合理地用每一分钱,从小养成作好花钱的计划的良好习惯。

你有自己的小账户吗

案例故事

豆豆是小学5年级的学生,平常爸爸妈妈都比较忙,所以每天给他零花钱让他自己去买饭吃。豆豆也很独立,爸爸妈妈不在家的时候能够自己照顾自己。

很快,爸爸妈妈就意识到一个问题。那就是,无论他们给了豆豆多少零用钱,豆豆总是花得一分不剩。于是,爸爸妈妈想了一个办法,就是请乡下的奶奶来照顾豆豆的衣食住行,这样一来,豆豆也有人照顾了,爸爸妈妈回到家还能对奶奶尽点孝道。

不久,奶奶就从乡下来到了豆豆家。豆豆也很乐意奶奶来陪自己。

过了一段时间,豆豆发现奶奶总是把爸爸妈妈给的买菜和买生活用品的钱省出来一部分,比如,在买生活用品的时候,奶奶总是计算物品的价钱和净含量,直到买到物美价廉的为止。奶奶都把省出来的钱放在她住的卧室的床头柜里。看得多了,豆豆有一天就问奶奶:"奶奶,我爸爸妈妈给你的钱,为什么你都要省出来呢?以前他们给我零用钱的时候,我都是全部花完的。"

奶奶说:"豆豆,爸爸妈妈上班挣钱不容易,我们应该在花钱的时候省着点花,有些不必要的东西我们就不买,这样,我们省出来的钱就会多,这样在急用的时候不至于没有钱啊!"

豆豆觉得奶奶说得非常有道理,从此开始向奶奶学习,在买东西的时候,一定要选物美价廉的东西,也不再买好看但不实用的东西了。他渐渐地能把爸爸妈妈给的零用钱省出一部分了,便把这些省出来的钱积攒下来,在奶奶过生日的时候,给奶奶买了一个大蛋糕。爸爸妈妈都说,豆豆长大了,知道勤俭节约了。

故事中的豆豆,在刚开始的时候,花钱没有节制,爸爸妈妈给多少就花多少,没有要把钱节省下来一点的念头。在后来和奶奶的相处中,他发现了奶奶的储蓄计划,看到了奶奶是怎样持家过日子的,并从此改掉了自己不积攒钱的坏习惯。

其实,你们在日常生活中或多或少也会有豆豆那样的行为,买东西的时候专挑最好看的买,而不注重物品的质量和价钱,这样是不好的。我们应该学习奶奶身上勤俭节约的好习惯,买东西的时候,不要太注重物品的外表,而应多注重物品的质量;要把节省下来的钱存起来,积少成多。

应知应会

1.要明白储蓄和借款的区别

父母应该给孩子讲清楚储蓄和借款的区别:储蓄最终受益的人是自己,而借款是需要自己在日后偿还的。家长要帮助孩子们认识到,这两种方式会在他们以后的生活中一直伴随着他们,两种方式都非常地重要。

2.懂得储蓄的意义

家长应该告诉孩子们储蓄的意义,让他们意识到储蓄的最后受益

者和支配都是他们自己，使他们产生自己也参予储蓄的念头。储蓄的意义，是在需要钱的时候不至于因没钱而受困，无论是家长储蓄还是孩子自己储蓄，最终受益的人都是自己，在意识到这点以后，孩子就会根据自己的目标和计划多节省一些自己的零用钱。

3.制订一个自己的储蓄小计划

在孩子建立了个人储蓄意识之后，父母就可以帮他们，或者让他们自己制订一个个人储蓄计划，以帮助他们实现某项特别目标。有了计划的目标，实践起来就更有约束力。在适当的时候，父母可以给予孩子一定的奖励。比如，孩子在一个时间段内储蓄的钱达到一定的金额时，父母可以适当地奖励一些学习用具或者图书，以鼓励孩子在这段时间内作出的努力，使孩子们更有动力在以后的日子里加倍努力。

你们要从小建立良好的储蓄意识，勤俭节约，把节省下来的钱都存起来，在需要的时候再用。孩子们，都行动起来，开始自己的储蓄生涯吧！

控制购买欲望，克服冲动消费

案例故事

艾米今年上初中了，是家里的独生女儿，爸爸妈妈都是生意人，平时都非常忙，没有多余的时间去照顾和陪伴艾米，自然也不会陪艾米去买学习用具或衣服什么的，这些都得艾米自己去买。

爸爸妈妈平时没有多余的时间去陪伴艾米，所以就给了艾米足够的生活费，让她自己需要什么就去买什么，他们觉得要在物质上补偿艾米。

上了初中的艾米，越来越出众，不仅学习好，人也长得漂亮。爱美之心人皆有之，艾米也不例外。她把大部分的生活费都用来买漂亮的衣服，每次看到什么漂亮的饰品也毫不犹豫地买下，但不久就对它们失去了兴趣。

很快，家里放了很多艾米买的好看但不实用的东西，妈妈发现了之后就找艾米谈心。

妈妈说："艾米，我给你的生活费，你是不是都买那些装饰品了？"

艾米说："妈妈，我就是觉得它们很漂亮，就把它们买下来了。"

妈妈又说："那你在买了它们之后有没有好好地发挥它们的作用呢？"

艾米低下头说："没有。"

妈妈语重心长地说："既然买了就应该把它们的作用发挥到最大。其实我觉得那些东西都是没有必要买的。你在看上一件新物品的时候，能不能问问自己，买它有什么作用呢，它能给我什么帮助呢？如果特别想买，能不能过段时间再看？也许过段时间你就不那么想买了。艾米，可以试试吗？"

艾米听了妈妈的话，不再看见什么好看的立刻买下来了，对于自己不需要的东西，艾米也不再买了。就这样，艾米控制住了自己的购买欲，还把多余的生活费还给了爸爸妈妈。

案例中的艾米刚开始的时候过度消费，买了很多不实用的东西，仅仅是看到觉得喜欢就买了下来，久而久之就产生了一种对新鲜事物的购买欲望，使她一看见新鲜的事物就一定要买下，也就是我们所说的冲动消费。

孩子们对新鲜的事物总是比较感兴趣，新鲜事物会引起他们的好奇感和探究心，于是也就有了购买的欲望。时间一过，他们就不再喜欢

了，就变得喜欢新的了。那么，家长在发现孩子们有这种习惯的时候，应该怎样去正面引导呢？

应知应会

1.只给刚够用的零用钱

爸爸妈妈在给孩子零用钱的时候，只给刚够用的，不要给太多。这样能够从根源上阻止孩子在看见新鲜事物的时候去购买的冲动。这样一来，孩子们会知道，自己只有这么多钱，必须要学会规划零用钱，分配好零花钱的用处，慢慢地，孩子就会养成良好的消费观和理财观了。

2.不买没有用的东西

家长都是孩子的第一任老师，应该加强对孩子这方面的教育。为了防止孩子产生喜新厌旧的情绪，应该鼓励孩子用自己攒的零用钱去买，这样既可以让孩子懂得积少成多的道理，也会令孩子在花自己积攒的钱的时候不再随心所欲地买些华而不实的东西。也许你们在平时总是看到一个漂亮的本子、一个漂亮的饰品就买下来，可是最后，本子也没有用，饰品也被丢在了角落。钱要用在最需要的地方，不应该只为一时的冲动就买那些不实用的东西；否则既浪费钱，又会遭到家长的责备。

3.随身不要带太多的钱

家长可以每个月给孩子一点零用钱，零用钱的额度取决于父母的收入水平和孩子的年龄。每个月定期、一次性地付给孩子，让他实行记账的办法去消费，这样也在无形之中控制了孩子的购买欲。孩子自己出门玩的时候，不要在身上带太多的钱，这样就在无形之中控制了自己的消费欲望。

其实，作为学生的你们，本来就不需要太多的零用钱，所以，当父母给你们零用钱的时候，应该合理地支配，要懂得钱要用在刀刃上、

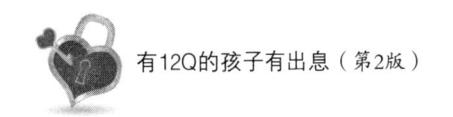

用在学习上。你们应该从小克服自己的购买欲，克服冲动消费的不良习惯。

山区小朋友需要你的帮助

案例故事

小文上的小学是市里数一数二的贵族学校，在那里上学的孩子，父母不是为商就是为官。他们每个人都用最好的学习用具，有最好的零食吃，每个人放学的时候都是由家里的私家车直接接回家。

不知不觉间，小文养成嚣张跋扈的性情、花钱大手大脚的毛病，一旦有一点点的不顺心就发脾气，甚至有一次，在家里闹脾气的时候，他打碎了爸爸的古董花瓶。但爸爸妈妈似乎也拿小文没有办法，只好随着他的性子。

冬天快要来临的时候，老师在班上展开了一次献爱心的助学活动。老师为云南一处的一个小学拍了一组照片，用幻灯片放给学生们看。照片上的孩子们没有像样的教室，只能在一半漏雨的房子里上课；桌子没有了一条腿，孩子们就搬来大的石头垫起来，不让桌子倒；作业本用完了，用橡皮擦掉再用。没有漂亮的衣服，衣服上都补了补丁；没有防雨的鞋子，穿的球鞋都露出了脚趾。

2幻灯片放完了，教室里特别安静，好像还有个别女生在低声地啜泣。老师说，这些孩子们的爸爸妈妈都外出去打工了，因为没有钱，他们不能完成最初的小学教育。100元钱对于你们来说也许不算什么，却可以让那里的孩子接受一年的小学教育。老师希望，同学们能够伸出援助

之手，用自己节省下来的零用钱去帮他们完成一年的学业。

老师话音刚落，同学们立刻掏出自己身上所有的零花钱捐了出去。小文回到家翻箱倒柜地收拾了很多衣服和鞋子，妈妈问他收拾东西干什么，他也不说。同学们都捐了很多东西给那个学校的孩子们，并收到了那个学校校长的致谢信。就这样，小小的一个举动，改变了很多不能去上学的孩子的命运，也改变了小文的性格。

从那以后，小文不再嚣张跋扈，爸爸妈妈给的零用钱，他也都省下来寄给那个小学的孩子。爸爸妈妈都说小文变了，却又不知道是什么原因让小文变了。小文想，这就当成是一个秘密吧。

故事中的小文，看到山区的孩子们没有钱去上学，就算上学了也没有好的学习环境，不禁为自己不珍惜这样好的条件而感到羞愧。也正是这件事情，改变了小文的性格，他开始珍惜自己的学习环境、生活环境，也改掉了自己花钱大手大脚的毛病，他变得节俭了，也变得懂事了。

在祖国的偏远山区，总有些因为贫困而上不起学的孩子，而你们有好的生活环境，有自己的零用钱，是不是也可以去帮助那些上不起学的孩子？一个作业本、一支铅笔、一个新书包，都会改变他们的现状。那么，如何用金钱帮助山区的孩子们呢？

应知应会

1.把零花钱储备起来，捐给他们

对于大多数同学来说，所有的经济来源都是父母给的零花钱。所以，平日里要养成勤俭节约的好习惯，把父母给的零花钱储存起来，这样，在山区的孩子需要的时候，我们就可以打开我们的储钱罐，大大方方地捐出来，让他们和我们一样可以坐在宽敞明亮的教室里学习。

2.说服父母，捐钱捐物给他们对于上学期间的同学们来说，自己并没有经济来源，要想帮助山区的孩子，往往心有余而力不足。这时候，你们也可以说服父母，在条件允许的情况下，资助贫困山区的孩子钱和衣物。一般情况下，当父母得知儿女有这样的爱心时，都会积极地帮助他们，和他们一起做好事的。

3.想方设法赚钱捐给他们

你们还可以通过自己的劳动去赚取钱，再把这些钱寄给山区的孩子。比如，利用假期的时间参加一些社会实践，也可以抽出业余时间打点零工，把赚回来的钱捐给山区的孩子们。这样你会因为用自己的辛苦帮助了他们而感到无比自豪。伸出自己的一双手，献出自己的一份爱，让那些不能像你们一样能够坐在宽敞明亮的教室里的孩子也有上学的机会。

第11章

健商（HQ）物语：
养成良好卫生习惯才能健康成长

拥有一个健康的身体，才能愉快地成长。有一个良好的卫生习惯，多吃有营养的食物，多花点时间锻炼自己的身体，养成爱护眼睛的习惯，最好不要羡慕戴眼镜的同学，你戴了之后就知道有多麻烦了。要多学习如何保护自己，如少喝饮料之类的东西，里面有很多你们看不见的防腐剂之类的东西，对身体没有好处。养成早睡早起的好习惯，才能健康地成长。

爱干净才健康

案例故事

东东有个不好的习惯，就是不爱干净、不讲卫生。去上学或者去玩的时候，他总是弄得一身脏兮兮的才回家来。妈妈让他洗完手再吃饭，他也不听，直接用黑黑的小手去抓馒头。晚上睡觉前，妈妈让他洗完澡再睡觉，他也不听妈妈的话，黑黑的小脚直接就踩上他的小床了。

后来妈妈实在没有办法，就给东东讲了一个"小猪洗澡"的故事。

星期天的时候，猪妈妈要给小猪洗澡，小猪一听就说："我不脏，我不洗澡。"说完就一溜烟跑出去玩了。

小猪找小花猫一起做拍手操，小花猫说："哎呀，你的手真脏，我不想和你玩。"

小猪垂头丧气地走出小花猫的家，它看见小山羊在前面的草地上吃草，刚想走过去和小山羊一起玩，还没过去呢，小山羊就喊起来了："哎呀，小猪你不要过来，你身上那么脏，会把我吃的草弄脏的！"

小猪羞愧地跑回家，主动让妈妈给它洗澡，洗完澡它又去找小花猫玩，小花猫说："哎呀，你身上真香呀，我们一起玩吧！"

妈妈的故事讲完了，她看了看东东，东东正低下头拨弄衣角呢，妈妈又说："小猪不爱干净不讲卫生，所以小花猫和小山羊才不和它玩的。东东，你也想没有小伙伴愿意和你一起玩吗？"

东东不好意思地说："妈妈，我也要洗澡，我要变成干净讲卫生的孩子。"

这个小故事就是要告诉我们，任何时候都要做个爱干净、讲卫生的孩子。东东的妈妈给东东讲了"小猪洗澡"的故事，小猪因为不爱干净而找不到小朋友和它玩，它觉得十分羞愧，于是洗得干干净净后重新去找小朋友玩，小朋友这才接纳了它，愿意和它一起玩耍。

东东听妈妈讲完这个故事，受到了启发，也要求妈妈给他洗澡，由一个不爱干净、不讲卫生的娃娃，变得爱干净了。妈妈讲的故事起到了作用，东东再也不会脏兮兮地回家吃饭不洗手啦。

应知应会

1.勤洗手，爱干净

你们从小就知道"病从口入"的道理，所以，要养成良好的卫生习惯，就要从手做起，勤洗手，爱干净。手在每天接触的东西很多，在不知不觉中已经粘了很多你们肉眼看不见的细菌，所以要养成勤洗手的好习惯，在饭前一定要记得洗手。在学校的时候，手会接触到桌椅、黑板、同学的衣服、户外运动时的篮球等，回到家后一定要记得洗手，把细菌都处理掉。

2.不随地乱扔垃圾

早晨吃的早点的包装袋、果皮屑都不要乱丢，要养成随手将垃圾扔进垃圾箱的习惯，特别要杜绝从楼上往下扔垃圾的习惯。可能有的值日生在倒垃圾的时候嫌走路太远，就随手把垃圾倒在墙角等地方，这样的行为都是不可取的。无论路多远，都要把垃圾倒进规定的垃圾箱或者垃圾容器内，千万不能随地乱扔垃圾。在家的时候也一样，不能随手乱扔垃圾，妈妈打扫卫生很辛苦，我们不应该再乱扔乱放，要养成把用完的东西放在规定的位置上、吃完零食的包装袋扔进垃圾箱等习惯。

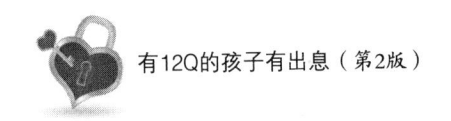

3.保持衣服的干净整洁

保持自己的衣物整洁，给别人的第一印象就会特别好，衣物整洁干净的学生老师也会很喜欢。学生的穿着打扮，在一定程度上也是学校师生素质高低最直接的反映，所以你们要在养成良好的卫生习惯的同时，保持自身的穿着干净整洁。

养成良好的卫生习惯，不是说说而已，你们要行动起来，从自己做起，从你们身边做起，让你们的生活环境变得更加美好

爱惜眼睛，拒绝眼镜

案例故事

大家好，我是大家心灵的窗户。大家猜猜我是谁啊？对了，我就是——眼睛。

大家都说眼睛是心灵的窗户，可是我的小主人一点也不爱护我。他每天上课要看黑板，下课要看小人书，回家还要看电视，弄得我很是疲惫。他从来都不好好做眼保健操，现在又给我架上了一副令人讨厌的眼镜。如果真的像人类说的那样，眼睛是心灵的窗户，小主人，你给我戴上了眼镜，就像是给窗户加上了防护栏，你就真的不难受吗？

小主人啊，我想对你说，不要再这样对我了，不要再给我增加压力了好吗？我原来是多么清澈明亮啊，可是现在呢？看什么都是模糊不清的，现在戴上了眼镜，更是难受。你还不从现在开始好好地爱护我吗？

前两天你得了眼疾，眼睛红红的，你妈妈带你去医院，医生开了很多药给你，那些药水滴在我的身体里，我很难受的。可是有什么办法

呢？我只好忍着痛，坚持下来。

小主人，这就是一双眼睛的心声，我希望你能认真地做眼保健操，不要长时间地看电视和玩电脑，下课的时候能够去看看绿色的植物，不要用脏的手揉我，我也一定会帮你看清楚黑板上的字。

小主人，不要再给你原本明亮的眼睛增添烦恼了好吗？

故事从眼睛的角度展开描述，它的小主人不爱护它，没有认真地做眼保健操，不断地过度使用眼睛，才会使眼睛近视，戴上了眼镜。

眼睛是心灵的窗户，你们要爱护自己的眼睛，不要等到近视了才知道保护眼睛是多么重要。要多注重眼睛的休息，长时间不让眼睛休息，使它很疲惫，就很容易患上近视眼，所以一定要让眼睛在学习了一段时间之后去看看绿色的植物，或者做做眼保健操，这些都是不错的选择。

应知应会

1. 看书学习的时候要有正确的姿势

学习时光线的强弱会影响视力发生变化，要在光线充足的状态下学习，光线太弱会因为看不清字体而越看越近，进而致使视力发生变化。你们在做作业和看书的时候，书与眼睛的距离应以30厘米为准。书或电视看了很久之后，要让眼睛适度休息一下，站在窗口向远处看，或者做一遍眼保健操，转动眼球，让眼睛得到休息。

2. 不要沉迷于网络游戏

很多同学都沉迷于网络游戏，在上网或者看电视的过程中，时间长了会伤害你们的眼睛，在不知不觉中，视力就会下降。你们是学生，要以学习为主，所以要克制自己，不要沉迷于网络游戏，否则既伤眼睛又影响学习。

3. 配合合理的眼保健操

好的眼保健操可以缓解眼睛的疲劳，使眼睛更加明亮。先让眼睛直视前方，让眼球一上一下地活动，做20次之后，换方向，再一左一右地活动，再做20次。做完之后再让眼球按照上左下右或上右下左的顺序交替转动。眼保健操就是为你们学生而发明的，你们每天上课都要大量地用眼，应该在下课时认真地做眼保健操。

你们可以在平时学习累了的时候按照上面的小方法，保护自己的眼睛。睡眠不足会使身体产生疲劳的感觉，很容易造成假性的近视，所以你们一定要保证睡眠质量。多看绿色的植物，也能起到保护视力的作用。保护眼睛，拒绝眼镜，让眼睛成为自己漂亮的心灵窗户吧！

危急时刻懂得保护自己

案例故事

小华和同学们在暑假的时候参加了生物夏令营。到了夏令营的营地后，小华看什么都觉得很新奇，觉得那些动物和植物是那么新鲜。

突然，他发现了一只美丽的大蝴蝶，他想也没想就拿起捕虫网追了过去。也不知道跑了多长时间，当小华如愿以偿地抓到大蝴蝶的时候，他的周围已经找不到一个同学了，也听不见同学说话的声音了，甚至连那条森林中的小路也不知去向了。他害怕起来，自己这是迷路了呀。

这时，他想起了老师说过的话："在森林里迷路了，千万不要惊慌，一定要先冷静下来。"想到这，他先深呼吸了几下，让自己先冷静下来。

小华开始思考怎样才能走出去，找到老师和同学。他先辨别了一下方向，回忆了自己是从那个方向走过来的，然后观察了一些附近的地形，找到了自己跑来时踩出的脚印。他按着方向和脚印一步步地寻找，

第11章
健商（HQ）物语：养成良好卫生习惯才能健康成长

终于找到了来时的小路。沿着那条小路没走多远，他就听见老师和同学在呼喊自己的名字。小华激动得快哭了，他成功了！

聪明的小华在迷路之后，想起了老师之前说过的话，没有害怕得大哭起来，而是冷静下来，想办法让自己找到了来时的路。

如果你们在野外或者是市区迷路了，千万不要害怕得乱了方寸，应该先让自己冷静下来，回忆走过的路，尽快地确定方向。观察周围的环境，找到来时的路。同学们，一定要记得老师讲过的安全知识，以便在遇到危急情况的时候能够自救。那么，在危险发生的时候，同学们要如何自救呢？

应知应会

1.提高自己的安全意识

人要有安全意识才能在危急情况发生的时候保护自己，所以你们要加强安全知识的学习，要认真学习老师在课堂上教的在地震、水灾、迷路等情况中的自救方法，让自己遇到危急情况的时候能够自救、自我保护。

2.遇见危急情况要冷静

你们年纪小，在遇见危急情况的时候不可能做到像大人那样镇定，但最起码你们要冷静下来，光哭是没有用的，只有牢牢记住老师之前教过的方法，才能保护自己、走出危急情况。遇见危急情况的时候，我们要保持冷静的头脑，不要因为害怕而乱了方寸，让自己错过最佳的获救时机。

3.要及时求助于大人

如果遇见自己应付不了的情况，可以求助于老爷爷和老奶奶、警察叔叔，或者比自己大的高中生也可以。要自己先冷静下来，要清楚地向求助的人说明自己的情况，以期得到他们的帮助。相信总会遇到可以帮助自己的人。在学校的时候有老师，在家的时候有父母，所以，在外出的时候，一定要注意自己的安全问题。时刻记住，先冷静，再用老师教过的方法进行自救。

喝牛奶强壮身体

案例故事

小点点是幼儿园的小朋友,爱唱歌爱跳舞,在幼儿园里听老师的话,在家的时候还帮妈妈擦擦桌子扫扫地,大家都夸她是个好孩子。

小点点什么都好,只有一点不好,就是不喜欢喝牛奶。不喝牛奶怎么行呢,她正是需要营养的时候。妈妈拿来一碗牛奶,说:"快来喝牛奶,牛奶能让你长高呢!"小点点头一扭,看也不看。小狗跑过来把牛奶喝完了,小狗长大了。

爸爸拿来一碗牛奶,说:"快来喝牛奶,牛奶能让你的小骨头更健康呢!"小点点急忙摆摆手,"不喝不喝。"小猫跑过来把牛奶喝光了,小猫也长大了。

爷爷奶奶拿来了一罐牛奶,说:"点点快来喝牛奶,牛奶能让你皮肤更白呢!"小点点赶紧跑开了,连影子也看不见。

爸爸妈妈和爷爷奶奶一起跟点点说:"点点,小猫和小狗都喝了牛奶长大了,你想不想长大呀?"

小点点一看,小猫小狗确实都长大了,有点不好意思地说:"我也要喝牛奶,我也要长大!"

小点点拿过桌子上放着的牛奶"咕嘟咕嘟"全喝了,过了一段时间,小点点也长高了,她特别高兴。

故事中的小点点开始的时候并不喜欢喝牛奶,每次爸爸妈妈让她喝牛奶的时候,她都会跑开,后来看到小猫小狗都因为喝了牛奶长大了,才知道爸爸妈妈说的话是有道理的。她觉得不好意思了,于是开始喝牛奶了。

牛奶是人们日常生活中最喜爱的食物之一。同学们都不知道吧,每

年5月的第三个星期二,已经被定为"国际牛奶日"了。喝牛奶的好处已经越来越被人们所了解,大家也越来越喜欢它。那么,在喝牛奶的时候,要注意哪些方面的事情呢?

应知应会

1.喝天然牛奶的时候要记得烧开

每天都要喝一袋牛奶(相当于250毫升),牛奶中含有丰富的钙和维生素D,还有我们生长发育所需要的氨基酸,而且它很利于肠胃的消化和吸收。在喝天然牛奶的时候,要把牛奶烧开,切记不能喝生牛奶。

2.喝袋装或盒装牛奶的时候要看保质期

我们在喝袋装或者盒装牛奶的时候,一定要记得看生产日期和保质期,这是一个非常重要的细节,不要喝过期的牛奶,要买保质期内的牛奶。你们每天的学习量很大,喝牛奶可以帮助你们有好的睡眠,有了好的睡眠,才能更好地学习。

3.要持之以恒,每天坚持喝

大部分人的饮食习惯并不能满足人类每天需要摄取的钙含量,所以要靠喝牛奶来补充。每人每天需要的钙含量是600~800毫克,而每天的饮食只能补充300~500毫克,而每袋牛奶的钙含量是300毫克,所以,每天一袋牛奶,刚好满足你们每天对钙的需求量。你们正是长身体的时候,每天喝一袋牛奶,就不会出现缺钙的现象,也就不会出现骨骼疼痛、驼背等现象了。

同学们,牛奶对你们的身体十分重要,所以你们一定要保持每天一袋牛奶的好习惯,从而以更健康的体魄去更好地学习。

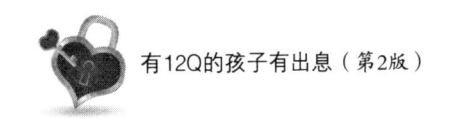

最好的饮料是白开水

案例故事

新的一学期开始了,在开学一周之后,小男孩东东给我留下了深刻的印象。他总是自己带着小水壶,从来不喝幼儿园提供的白开水。在和他的爸爸妈妈交流过之后,我才知道,他的小水壶里装的都是果汁或者蔬菜汁,他从来都不喝白开水。在了解了这个情况之后,我决定和东东的家人取得一致,让东东开始喝最天然的饮料——白开水。

我在课堂上讲了很多有关喝白开水的好处,可是两天过去了,东东依然只喝自己带的果汁,即使果汁喝完了,也不喝学校的白开水。看来,我得改变策略了。

上午,我带孩子们在校园里玩,我故意把孩子们带到花坛边,那有一盆已经枯萎的花。我问孩子们:"小朋友们,你们知道为什么那盆花快死了吗?"

东东说:"因为天太热了,花被晒死了。"

"对,天太热,这盆花没水喝,每次园艺阿姨给它浇水的时候它总是不喝,还让园艺阿姨把水浇给别的花,它每天都不喝水,就变成现在这个样子了。"我对小朋友们说。

东东说:"老师,可以给它浇果汁呀!"

我说:"果汁是甜的,会有小蚂蚁来咬它的。"

"妈妈说,每天喝甜的东西会长蛀牙,会变胖胖。"一个小朋友说。

我说:"对,小朋友真聪明,白开水才是最好的饮料,它会不让你们的肚子里长虫,会把热排出来不让你们生病。如果每天只喝果汁,就容易有蛀牙,还会长胖胖哦!"

"老师，我们要多喝水。""老师，我现在就要喝水。"小朋友们七嘴八舌地说。东东也被感染，不好意思地对我说："老师，我也要喝白开水。"

故事中的东东觉得白开水没有味道，所以从来都不喝白开水，只喝果汁和蔬菜汁。果汁和蔬菜汁虽然也可以补充孩子们所需要的营养，但没有白开水的益处那么多。老师通过巧妙的办法，使东东自己知道了白开水对身体健康有多重要，让他真正开始接受白开水、少喝果汁。

早晨喝一杯白开水，可以帮助体内垃圾的排泄，而别的水还需要在体内转化，不能起到迅速冲刷人们机体的作用。所以，清晨一杯白开水是最有效的排毒方法。那么，多喝水有哪些好处呢？

应知应会

1.喝水可以排除体内的毒素

身体的消化功能、内分泌功能都需要水，新陈代谢后的毒素也要靠水来消除，适当地饮水还能够避免肠胃功能的混乱。所以，你可以在饭后半小时喝一些水，以加强身体的消化功能，利于排除体内的毒素。

2.多喝水可以让感冒好得快

每次感冒的时候，都会听到医生说"多喝点水"。这句话是患感冒时最好的处方之一，因为，在患感冒时，人体处于自我保护机能的反应降低了，这时就会有出汗、呼吸急促等症状，就需要补充大量的水分。多喝水有助于排汗和排尿，使体内细菌病毒被迅速地排泄掉。所以，在感冒的时候，一定要记得多喝水。

3.运动前要多喝水

为了避免在运动中因为流汗过多而造成脱水现象，要在运动之前多喝水，用以补充体内的水分。医生建议在运动前喝两杯水，在运动的过程中也要适当地补充水分，如此才不会在运动之后造成身体缺水的现象。大多数的同学都是在运动之后大量喝水，其实这样对身体会造成伤害，一定要在运动前和运动的过程中也喝水，这才是最健康的饮水方法。

在生活中有很多的饮料，果汁、蔬菜汁、碳酸饮料等都不能够起到排除体内毒素和热量的作用，所以我们要多喝白开水，使我们的身体更加健康。

好睡眠既强壮身体又能协助长个儿

案例故事

丁丁和小飞是同班同学，他们长得一般高，总是一起上学、一起回家，再一起做作业，形影不离。

最近一段时间，丁丁觉得自己好像睡不够一样，早晨去上学的时候总是哈欠连天，上课的时候也觉得没有精神，不能集中精力听课。下课了，同学们都去操场玩耍，丁丁却趴在桌子上睡觉。

小飞很快发现了丁丁不同于平常的表现，放学之后一起回家的时候，小飞就问丁丁："丁丁，你每天都是几点睡觉的呀？"

丁丁说："我每天都是11点才睡觉。"

小飞惊讶地说："那么晚啊，怪不得你第二天会瞌睡呢！我都是9点半就睡觉了，我妈妈说，早点睡觉对身体好。"

丁丁又说："我每晚都要看一会儿电视啊，有时候还打电玩呢！"

小飞说："你还是早点睡觉吧，不然你每天都这样瞌睡着去上学，根本就没好的精神去学习，你看你上课的时候都犯困呢！"

丁丁不好意思地说:"嗯,我从今天开始一定要早点睡觉!"

一个好的睡眠质量对你们新的一天的工作和学习都有非常重要的作用。故事中的丁丁,每晚都看电视或者打电玩,情绪处于兴奋的状态,自然就不想睡觉。其实,对于你们来说,如果每晚按时在10点睡觉,那么,在11点到1点之间的时间段内,你们的身体就会处于一个非常放松的状态,你们就会有一个好的睡眠质量,这样,在第二天起床后也不会觉得身体疲乏了。

那么,如何保证睡眠质量呢?

应知应会

1.不要熬夜

如果一个人连续三天的睡眠时间都少于6个小时,他就会在次日上课的时候没有精神,而且很容易神经衰弱、感冒等。作为学生,你们不仅每天的学习任务很繁重,而且正处在成长发育阶段,所以,更要保证每天的睡眠质量,只有拥有好的睡眠质量,才能有健康的身体,才能在第二天上课时精力充沛,才能保证学习质量。

2.要早睡早起

早睡早起是个非常好的习惯,既能保证充足的睡眠时间,让你在第二天上课的时候精力充沛,也方便你在第二天早晨起床之后进行晨读,巩固知识。所以,你们要养成早睡早起的习惯,有充足的精力去面对一天的学习和生活。

3.切记不要赖床

好的睡眠可以消除疲劳,恢复体力,但有人错误地认为,赖床也有益健康,这是不对的。因为赖床的时候大脑还是处于思考活动的,它并不能使身体处于放松的休息状态,赖床之后再起床反而比直接起床觉得

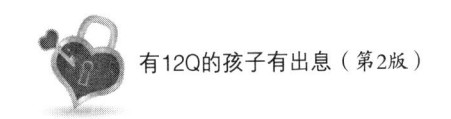

累。所以,你们要切记不要赖床。

保持室内空气的清新,也有助于好的睡眠。污浊的空气会诱发感冒和头昏脑涨,时间长了还会影响记忆力。所以,要保持室内的空气清新。好的睡眠不仅能强壮我们的身体,还会让我们长高,所以,在学习了一天之后,让我们有个好的睡眠质量吧!

不挑食,身体才更健康

案例故事

西西是个健康的小女孩,今年11岁了,看上去身体很健康,学习成绩也一直保持在全班前五名之内。学校的体育活动她每次都参加,也从来没有见她因为生病而请假。而她的同桌雯雯与她恰恰相反。

雯雯小姑娘看上去很瘦弱,不喜欢参加体育活动,因为她运动以后总感觉体力不支,她妈妈隔三岔五地来学校找老师给她请病假,她不是发烧了就是头晕得不能来学校,学习成绩也忽上忽下,很不稳定。

班主任在一次家长会结束后刻意留下西西和雯雯的妈妈,想探讨一下,为什么都是同龄的孩子,区别却这么大。在谈话中,老师先跟两位妈妈讲了讲两个孩子的差别,然后表示,为了两个孩子能够共同进步,希望妈妈们谈谈两个孩子在家里的表现。

西西妈妈说:"西西在家里也很贪玩,但是,她在吃饭时很听话,从来不挑食,蔬菜水果、鸡鸭鱼肉、鸡蛋牛奶、主食,给她做的她都爱吃。所以,她长这么大几乎都没有感冒过。她的作业在学校就完成了,在家很少复习,功课也不错。"

第11章
健商（HQ）物语：养成良好卫生习惯才能健康成长

雯雯妈妈说："那我们家雯雯正好与西西相反，她不喜欢吃的东西很多，不爱吃青菜，不爱吃猪肉，早餐也不要喝牛奶，一般，做好饭，她看到不喜欢吃的东西，扒拉几口饭，就说饱了，怎么劝，她都不吃。我们也没有办法，太宠爱她了，由着她来，现在身体素质也很差，动不动就感冒。学习东西反应也慢，在家做作业很慢，要10点多钟才可以完成。考试成绩也不理想。"

班主任听了两位妈妈的讲述，似乎明白了两个孩子的差别在哪里。老师讲："这样讲的话，很显然是因为挑食影响了雯雯的身体健康，导致她身体虚弱。在学习上，身体不好的孩子难集中精力，所以学习效率差，经常请病假，也容易跟不上学习进度。这下原因找到了，希望雯雯妈妈及时地给孩子讲解挑食的坏处，不然，她以后的学习会越来越跟不上的。"

通过老师的提醒，雯雯妈妈回家后告诉雯雯，她的挑食影响了她的身体健康，以致严重影响了学习的效率，所以希望雯雯改掉这个坏毛病，不然身体会越来越差，学习就更不用说了。

雯雯听了妈妈的话以后才知道原来自己什么都差跟自己挑食有关系，于是决定改掉自己的坏毛病，像西西一样，做个健康快乐的孩子。

故事中，雯雯原本很挑食，没有想到这个坏习惯给她带来了生活上诸多的不如意。其实这没有什么奇怪的，人体健康成长需要七种营养素：蛋白质、脂肪、碳水化合物、维生素、矿物质、微量元素和水。这些营养素存在于某一类或几类食物中，只有保持均衡的膳食，才能保证营养摄入的全面与平衡。挑食容易导致某些营养素摄入不足，进而导致营养不良，体质虚弱，抵抗力差，容易患病，甚至影响工作与学习。如果不挑食，什么都吃，你的身体里什么都不缺，你就会拥有健康的身体，做什么都有劲。

应知应会

对于很多人来说即使明白了挑食的危害,也很难一时半会儿改正过来,这需要一个长期坚持的过程,一步一步地纠正自己的坏习惯。你们不仅要在心里明白身体健康的好处,还要有实际行动,慢慢地去掉挑食的坏毛病,从而拥有一个健康的人生。那么,如何改掉挑食的坏习惯呢?

21.不要受大人的影响

经常见到的现象是,孩子随着父母不吃这个而爱吃那个,父母有挑食毛病,子女就跟着学,久而久之,孩子就养成了挑食的坏习惯。现在知道了挑食对身体的害处,你应该按照自己健康的饮食标准要求自己,不能跟父母学,父母都是成年人了,身体都已经成型,你还在成长发育中,所以要比父母吃得健康。

2.改掉不良的饮食习惯

孩子不能按时定量进餐,有时是因为吃零食太多,以至影响食欲,俗话说"饿吃甜如蜜,饱时蜜不甜"。你的胃本来就不大,而胃内食物排空需要3~4小时。到了吃饭时间有饥饿感觉,吃饭就香。如果不是定时吃饭,而是点心、锅巴、饼干、各种饮料,乱吃乱喝,胃内总有食物,胃就得不到休息,这样到吃饭时间就没了食欲,再好的东西你也没胃口,自然会挑三拣四。所,改掉吃零食的习惯,对你正常进餐很有好处。

3.要多注意疾病的影响

各种急慢性传染疾病、寄生虫病、消化道疾病、某些元素缺乏,特别是微量元素如锌和铁缺乏是常见的引起食欲不振的主要原因。另外,患病期间服用各种药物,其副作用的影响也是一个因素。所以,在感觉自己总是不想吃东西的时候,最好去医院作个检查,看是否缺乏微量元素或患上其他疾病。早治疗早健康。

第12章

体商（BQ）物语：
加强体育锻炼，为身体打好基础

　　加强体育锻炼，为身体打好基础每天都要坚持锻炼身体，不要除了学习还是学习，变成书呆子；德智体美劳，积极参加各项社会活动，全面发展自己才对。锻炼出一副健硕的体魄，提高自己的身体协调能力，为拥有健康的人生打好基础。

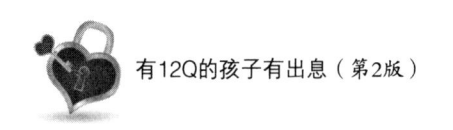

不能成为书呆子

案例故事

小米是班里的学习委员，学习好，而且很文静，在学校的时候总是不多言语。这周的作文课，小米交上来的作文竟让王老师陷入深思。小米是这样写的：在学校，在家里，都有一群学习的机器。父母因为孩子的成绩而变化着表情，老师为学生的荣誉而自豪。

这里有个孩子是一个书呆子，为了考进重点高中重点大学而努力，她戴着厚厚的眼镜，背着沉重的书包。她没有自由和快乐，每天过着相同的生活，去学校，去辅导班，回家，像木偶人一样。现在，孩子再也受不了了，她不想再做个书呆子，她想过普通孩子的生活，快乐地生活，快乐地学习。

学习再好有什么用，我不会玩游戏，他们都嘲笑我。我的好成绩让他们羡慕我，可是，尴尬和自豪能不能相同呢？

我每天都在不停地学习，看书看得眼睛近视了，背英语单词背得喉咙沙哑了，做题做到手抽筋。我没有自由，我觉得不快乐。

公平的上帝啊，请你把我地时间公平的分成两半，一半玩，一半学习。

王老师看完了小米的作文，深有感触，也许是自己平时太在乎孩子们的成绩了，家长的希望太高了，才会让孩子变成这样。小米是这样想的，那么别的孩子是不是也是这样想的呢？

故事中的小米，是你们中的谁呢？小米每天过着单调的三点一线的

生活，学校、辅导班和家。小米觉得自己像个木偶一样，线牵在父母手里，父母让她有怎样的动作她就怎么去做，她觉得没有自由和快乐，更觉得这样的爱很有压力。

学生们为了去上重点的高中和大学，都要把自己的课余时间全部用在学习上——这似乎已经是很多学生的共识了。这样的学生不会游戏，不懂很多名词是什么意思，他们是书呆子，只懂有与学习有关的东西。同学们，不要再做书呆子了，要做德智体美劳全面发展的学生。

应知应会

1.多参加课外活动

在面对繁重的升学压力的时候，同学们应该多参加课外活动，让自己的身体和精神状态得到缓解和放松，这样在学习中可以更集中注意力。学生们应该和父母达成某种协议，让自己在学习之余也有休息时间，这样，在学习的时候就有更好的精力去学习了。

2.多参加社会实践

社会实践是锻炼人的大熔炉，它会让你们直接接触到社会，看到社会上的种种景象，它会教会你们在学校里学不到的东西。社会实践可以让你们更好地锻炼团结合作精神，让你们有更加开朗的性格。所以，应该利用寒暑假多去参加社会实践，增长自己的见识。

3.多参加家务劳动

妈妈每天做家务是很辛苦的，要学会体谅她，在自己做完作业的情况下帮助妈妈做些力所能及的家务。在做家务的过程中，你们既可以得到一点锻炼，又可以和妈妈聊天、沟通，加深与妈妈的感情。学生时代是一个人最美好的记忆，不要让学习成为你们的负担，拒绝做个书呆子，要快乐地学习，开心地学习。

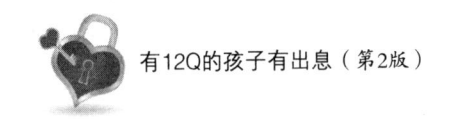

德智体美劳全面发展

案例故事

晋代的祖逖是个有远大抱负的人，可他小的时候一点也不喜欢学习。在他成长为青年的时候，他意识到了自己知识的贫乏，他感觉不读书学习的话是没有办法报效国家的，于是开始发愤读书。他广泛地阅读书籍，认真地学习历史，从中吸取了丰富的知识，学问也大有长进。

祖逖有个好友叫刘琨，他们小的时候常常同床而眠，而且有着共同的远大目标，那就是建功立业，复兴晋国，成为国家的栋梁之材。

有一次，半夜里，祖逖在睡梦中听见了公鸡的打鸣声，他一脚把刘琨踢醒，对刘琨说："别人都认为半夜听见鸡叫很不吉利，我偏偏不这样想，咱们不如以后听见鸡叫就起来练剑吧，你觉得怎样呢？"刘琨同意了。

从此之后，他们每天一听见鸡叫，就起床练剑。春去秋来，年复一年，从来都没有间断过。

功夫不负有心人，经过长时间的刻苦学习和训练，他们终于成为能文能武的全才，不仅能写一手好文章，还能带兵打仗。后来，祖逖被封为镇西将军，实现了他报效国家的愿望；而刘琨也做了都督，充分地发挥了他的文才武略。

这就是著名的闻鸡起舞的故事，祖逖听见半夜的鸡叫就起来练习剑术，最终练就了一身好武艺。闻鸡起舞也形容发奋有为，比喻有志之士能够及时振作起来，发奋图强，最终实现报效国家的愿望。

作为学生，你们也应该向德智体美劳全面发展的方向去努力，成为优秀的人。顾名思义，这里所说的德，就是道德品质；智，是文化课

的成绩；体，体育课的表现和成绩；美，美术课音乐课的表现和成绩；劳，是劳动的表现和劳动课的成绩。你们现在知道了德智体美劳的具体内容，是否能向这个方向去努力呢？

应知应会

1.多培养兴趣爱好

都说兴趣爱好是孩子最好的老师，所以应该多培养自己的兴趣爱好，在兴趣爱好中得到平时得不到的知识。人们在学习自己爱好的时候，会有足够的耐心，相信自己可以学好。有了信心和耐心，在学别的知识的时候，一样会坚持。学会合理地分配自己的时间，制订好学习计划，做到课堂学习和学习兴趣爱好两不误。

2.认真学习功课

学校在设置课程的时候，充分考虑了你们这么大的孩子需要接受什么样的教育，需要学习什么样的技能，对此都有科学的分配。所以，你们更应该认真学习学校设定的每一门课程。美术课和音乐课塑造你们的审美观，体育课锻炼你们的身体，文化课让你们变得更有智慧，劳动课让你们变得心灵手巧，每一课程都是一门艺术，所以要好好地学习。

3.注重品行修养

你们在学校学习的，首先是怎么做人，然后才是文化知识的学习。所以，你们要勤奋地学习，要有主见，要聪明，要善良，不能见利忘义，要敢于说真话，不怕恶势力，能够去帮助需要帮助的人，做个品德高尚的人。

学校的教育就是要让你们变成德智体美劳全面发展的学生，所以，你们更应该上好每一堂课，学好每一门知识，做个优秀的学生！

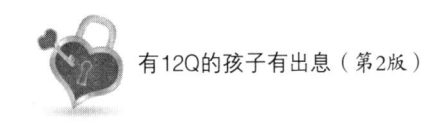

身体是革命的本钱

案例故事

　　明明每天晚上都学习得很晚，第二天起床就犯困，起不来。他急急忙忙地收拾好东西，又没有时间吃早饭了，刚开始的时候还拿些妈妈准备的牛奶和面包，后来每天都不拿了，也就不再吃早餐了，每天都忍着肚子饿去上课，等到中午放学了再回家吃饭。

　　时间一长，他觉得早晨上课的时候注意力没有以前集中了，学习的时间一长就特别容易犯困。

　　上课的时候没有精神，下课的时候就不想出去玩，因为肚子饿，觉得一点力气都没有，哪还想玩呢！

　　回到家之后，他跟妈妈说了自己的情况，妈妈跟他说："你每天早晨不吃早饭，本来就很伤身体。早餐可以补充人一天的营养，你没有得到补充，当然会容易犯困，没有好的精神状态去上课。"

　　明明说："那我以后就早点起床吃早餐。"

　　妈妈笑着说："嗯，这样才对，有好的营养才能有好的精神和身体去学习。"

　　明明说："妈妈，以后我一定要按时起床吃早餐，我要有好身体。"

　　明明因为每天早晨赖床而不吃早餐，导致每天上课的时候没有精神，在了解了早餐的重要性之后，他下定决心要每天吃早餐。

　　吃早餐对身体营养的补充非常重要，其对学习能力的影响也已得到了证实。据调查证实，吃早餐的学生比不吃早餐的学生学习好。由此可见，早餐对学生的身体和学习是非常重要的。

应知应会

1.别忘了吃早餐

经过一夜的时间，人体内储存的葡萄糖已经被耗尽了，这时就急需补充能量和营养。然而很多的人都不重视早餐的食用，有时候因为没有时间就少吃一点，或者干脆不吃，其实这样特别不好，它会让你一天都没有精神，对健康也不好。对于你们而言，早餐则更加重要，你们正处于长身体和学习的时期，一定要坚持每天吃早餐，这样才能让你们有好的精神状态去学习，才能让你们有个好身体。

2.加强体育锻炼

你们平时没有更多的时间去锻炼身体，只有利用下课的时间或者上体育课的时间去锻炼一下身体，增强你们的体质。去操场慢跑，或者和同学们打打羽毛球，都能够起到锻炼身体的作用。

3.均衡营养，不挑食

营养的摄入也能增强你们的体质，所以在吃饭的时候一定不要挑食，蔬菜、肉类以及粗粮都要有所摄入。营养摄入均衡，你们才会有更好的身体。你们可以在睡前喝一袋牛奶，这样既能补充你们身体所需要的钙质，也能让你们有个更好的睡眠质量，第二天更有精神去上课。

都说"身体是革命的本钱"，对于你们学生来说，好的身体是拥有好的状态去学习的前提和关键，所以，你们一定要有一个好的身体。有了好的身体，才能更好地打好学习这场仗。

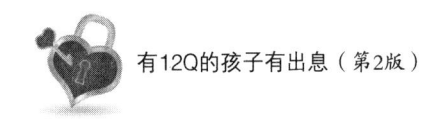

增强你的身体协调能力

> 案例故事

杰森天生有个毛病，就是身体动作不协调。童年时代认识的人都认为他有"两只左脚"。上小学的时候，他参加了学校的足球队，却一直不能上场踢球，因为他一上场就紧张不已，在比赛开始之前就向前冲去，以致差不多每场比赛他都会犯规，所以教练不让他再上场踢球了。

他总是撞伤自己，撞在门上或者家里的任何一件摆设上。有一次，杰森在班级里作演讲的时候，用手指着同学们，嘴上却说"我"，然后又指着自己说"你们"，惹得同学们和老师哄堂大笑起来。

他的父母开始有意地训练他的身体协调能力，比如，他们规定，如果他的动作与表达不再颠倒，就奖励他零食。开始的时候，杰森做起来有点困难，总是像以前那样不协调，并且还是会在家里撞伤自己，慢慢地，在爸爸妈妈的鼓励和帮助下，他变得很少出错了。

学校又开始了一年一次的演讲比赛，爸爸妈妈都鼓励杰森参加，让他在大家的面前证明自己已经在努力地改正自己的身体不协调的毛病了。比赛的时候，爸爸妈妈都坐在台下，杰森在上台前还是很紧张，怕在台上出错，看着爸爸妈妈充满爱的眼睛，杰森很勇敢地走上了演讲台。

短短的5分钟，好像有一个世纪那么长。杰森演讲完了，没有出现一处错误，同学们都给予他热烈的掌声，爸爸妈妈也为杰森而骄傲。

杰森是天生的身体不协调患者，开始的时候，他总是在表达和动作中出错，以至于参加了学校的足球队后却不能去上场踢足球，在作演讲的时候还总是表达错。后来在爸爸妈妈的帮助和要求下，他开始渐渐地改正这个毛病，强迫自己不再出现错误。在杰森自己和爸爸妈妈的坚持

下，杰森改掉了身体不协调的毛病，爸爸妈妈都为他感到自豪。

身体协调能力是身体综合神经和肌肉系统产生的正确的、和谐的、优雅的活动的能力。这种能力对孩子的心理发展有很重要的影响，与孩子的智力发展和个性形成也有很大的关系。协调能力的训练可以充分调动孩子整个大脑细胞的兴奋活动，促进孩子使用形象大脑和抽象大脑进行细微分辨，强化孩子的思维的联合活动能力，提高记忆力，降低心理疲劳程度。所以，在发现孩子身体不协调的时候，一定要及时地给予帮助和矫正。

应知应会

1.多做适合自己的运动

协调能力是指在进行身体运动的过程中，调节与综合身体各个部位动作的能力，它是一种综合性的能力，集灵敏度、速度、平衡能力、柔韧性等多种身体素质为一体，充分反映了中枢神经系统对肌肉活动的支配和调节功能。你们可以多参加体育运动，如打乒乓球，打网球，时间久了就会有很明显的效果。所以，你们可以选择适合自己或自己喜欢的运动项目，来提高自己的身体协调能力。

2.集中自己的注意力

反应速度的快慢由人体生物原因决定，事物对人的刺激通过人体的各个器官疏导到大脑，再由大脑传送到身体的各个部位去作相应的表现。经常做一些运动，可以锻炼自己的反应能力，但最关键的还是要集中注意力，否则做什么反应能力都不会快的。集中自己的注意力，不仅可以让你们更好地锻炼身体，也可以令你们在运动之后更好地投入到学习中去。

3.锻炼要持之以恒

每件事情都要有恒心和信心，身体的协调能力需要经过训练才能更完美，所以你们在锻炼的时候要选好运动的项目，然后坚持锻炼。要相信自己的锻炼结果会使自己的协调能力更加完美，要不断给自己加油打气，不放弃锻炼。

好的身体协调能力是经过锻炼得来的，所以，要想在运动中有更好的表现，就多多锻炼自己的身体协调能力，让自己更出众吧！

出身汗，能给你个好身体

案例故事

星期天的时候，阳光明媚，小雨和家人、朋友一起去郊外爬山。

小雨第一个出发，因为过于心急，一路都是小跑上去的。要知道，在35°的山坡上跑上去是非常累的。还没跑一会儿呢，他就累得气喘吁吁，只能先停了下来，休息一下。回头看看，才到半山腰，爸爸在后面提醒他："上山应该一步一个脚印走，心急吃不了热豆腐。"

小雨吸取了教训，和妈妈一起慢慢地爬上去，还不时采几朵野花，看会儿风景，他感觉不那么累了。快到山顶时，妈妈竖起大拇指对他说："小雨，你真厉害。""加油，坚持就是胜利。"小雨咬咬牙说。

小雨和妈妈手牵手，一步一步靠近山顶。"啊！"他一声欢呼，"我们到山顶啦！"回声紧跟着在上空回旋。

不一会儿，爸爸和哥哥也爬到了山顶，小雨的伙伴也陆陆续续地到了。他们在山顶上看美丽的风景，吹着风，觉得惬意极了。

回家以后，小雨多吃了半碗米饭，妈妈说是因为运动了，所以觉得比平时饿。虽然这次爬山很累，还让他出了一身汗，小脸也红彤彤的，

但他还是坚持着爬到了山顶。通过这次爬山，小雨明白了做任何事，只要坚持就一定能成功；同时，他也收获了不少快乐。

同学们现在生活和学习压力很大，总是没有多余的时间去锻炼身体，整天在办公室或者学校，以至于身体免疫力越来越差，很容易感冒，所以你们应该合理地安排一点运动的时间，让自己的身体更加健康。

应知应会

1.来场酣畅淋漓的运动

正确的出汗方法是有益于人的健康的，如可以排毒，促进新陈代谢，促进局部的血液循环等。在日常生活中，我们的体内会堆积一些垃圾，既然如此，不如来几场酣畅淋漓的运动，流一身汗，排出体内的毒素，促进血液循环，换来个好的身体，何乐而不为呢？

2.出身汗换个好睡眠

人在运动之后，会觉得清爽很多，思路也好像变得更加清晰，而最重要的是，在晚上睡觉的时候，肯定不会失眠。在第二天起床的时候，也会觉得精神特别好，可以以饱满的精神迎接新的一天的工作和学习。所以，你们在周末的时候应该腾出点时间去好好地运动一下，把一周的疲劳都甩掉，换个好的精神去迎接新的一周的学习！

3.出汗的运动比不出汗的运动好

不运动时的出汗是身体的自然功能，所排出的汗液，一般来自于体内的水分。而运动后出的汗，则有身体脂肪的消耗。所以说，相对于不出汗的运动，出汗的运动有更好的效果。出汗之后能够保持体温的平衡，通过排汗，可防止体温上升得过高，使身体经常处在恒温状态。因此，你们应该增加运动的时间和次数，以消耗体内的脂肪，调节身体的体温。

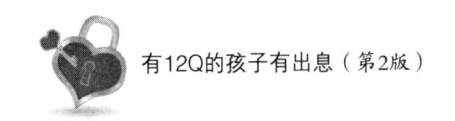

在学习了一周之后，身体处于一个很疲惫的状态，这个时候就应该来场酣畅淋漓的运动，让自己的身体放松一下，出一身汗，排除体内的毒素，有个好的睡眠，换来一个好的身体，投入到新的学习中去。

好身体，靠运动

案例故事

在一条小河边有一棵大树，大树底下的洞里住着小白兔和小灰兔。它们是好朋友，天气暖和的时候，它们就一起出去玩耍。

冬天来了，北风呼呼地吹着，小白兔对小灰兔说："小灰，今天这么冷，我们不要去锻炼身体了，可以吗？"

小灰兔说："那怎么行呢？不锻炼身体会生病的。"说着小灰兔很快地起了床，然后就出去锻炼身体了。外面真冷啊，小灰兔围着大树跑起步来，跑着跑着，身上就暖和了，头上也冒汗了。

这时小白兔还在树洞里的稻草堆上躺着呢，它听见小灰兔"一二一二"的口号声，就把头探出树洞来看了一眼小灰兔，一阵寒风吹来，"呀，好冷呀！"小白兔赶紧把头缩了回去。

小灰兔跑完步，觉得可舒服啦，它看见小白兔还没起床，就喊道："小白兔，快起床呀，太阳这么暖和，我们一起锻炼身体好不好？"

小白兔说："外面冷死了，我不去。"

小灰兔进到洞里说："一活动就不冷啦！不信，你摸摸我的手，多暖和呀。"

小白兔摸了摸小灰兔的手，果然很温暖，自己的手还是凉凉的呢。

小灰兔说:"你看锻炼身体多好啊,快和我一起出去跑跑跳跳吧!"小白兔点点头,它们手拉手地走出洞,在太阳下面又蹦又跳的。没一会儿工夫,小白兔觉得不冷了,它高兴地对小灰兔说:"我以后要听你的话,每天都锻炼身体!"

故事中的小白兔因为觉得天气冷而不去锻炼身体,可它待在树洞里反而觉得更冷;而小灰兔去外面锻炼身体了,就不再觉得冷了。小白兔知道了锻炼的好处之后,也开始像小灰兔一样坚持每天锻炼。

你们每天都在教室学习,要珍惜每次上体育课的机会,在体育课上要痛快淋漓地运动一次。锻炼还能改善你的心情,你在锻炼的过程中,会觉得特别开心。在紧张了一天之后,锻炼一下身体,能使你们的精力更加充沛,让你们可以更好地投入到另一场学习中。那么,你们要养成哪些多运动、多锻炼的习惯呢?

应知应会

1.动动手动动脚

在学习了一天之后,你们的大脑和身体都处于疲惫的状态,在这个时候,你们可以选择一些有氧运动来放松身体,伸伸懒腰,动动手动动脚。锻炼可以刺激大脑中多种化学物质的产生,这些化学物质会让你感到自己比锻炼前快乐和轻松得多,使你的精力更加充沛。锻炼也会让你忘掉一天的压力和焦虑,以愉快的心情重新投入到学习中去。

2.去操场慢跑

在学习累了的时候,去打场篮球,或者去操场慢跑几圈,都会改善你的心情。慢跑可以锻炼你全身的肌肉和骨骼,让它们在劳累了一天之后得到很好的舒展和放松,劳逸结合才能有更好的状态去学习。

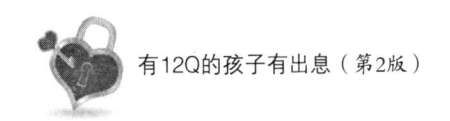

3.做做广播体操

广播体操可以让全身的肌肉和骨骼得到很好的锻炼，你们一定不能忽视广播操。在学校课间做广播操的时候，要认真去做；在家的时候，学习累了，也可以简单做做广播操，把疲惫都赶走。适当地锻炼，还能让你们远离疾病，有了健康的好体魄，你们才能更好地投入到学习中去，大家都行动起来吧！

坚持锻炼，躲避病魔的缠绕

案例故事

罗伯特·安德罗·米利肯是美国著名的物理学家，他通过努力和奋斗，取得了卓越的成就，这与他在幼时受到的锻炼是分不开的。

米利肯出生在一个穷困的家庭，他有6个兄弟姐妹，他排行老二。他的父亲是个公理会的传教士，收入是非常有限的，因此家境相当拮据。但他的父亲常常告诉他们："孩子们，穷并不可怕，可怕的是没有志气。"父亲的这句话深深地扎根在小米利肯的心中，他暗自下定决心，要做个有志气的人。

米利肯的父亲经常指导他们进行体育锻炼，游泳、打球、骑马，这些都是孩子们喜欢的，尤其是米利肯。因此，米利肯的体魄比那些在蜜糖罐里长大的孩子要健壮得多，精力也很旺盛，这为他以后长期从事艰巨繁重的学习和研究创造了良好的身体条件。

到了大学阶段，米利肯爱上了物理学科，毕业后留在了自己的大学任教，而且讲求实效。为了使自己成为有深厚功底的物理学家，他到哥伦比亚大学物理系继续深造，专攻光学、电磁理论和工程学，得到了普平博士的帮助和指导。

米利肯还千方百计地广泛地接触当时的物理学家们，虚心地接受他们指导。在德国的时候，他曾遇到了发现X射线的物理学家伦琴。在同一时期，汤姆生发现了负电子，普朗克发表了量子论。这些重大的发现令决心献身物理学的米利肯受到了极大的鼓舞。

虽然米利肯在小的时候家境贫寒，但他的父亲教育他们要做个有志气的人，还教他们体育运动，让他们有健康强健的好身体。这为米利肯在后来的物理学习中有旺盛的精力去研究物理创造了良好的身体条件。

参加体育运动，经常需要去克服很多困难、遵循规则、调节和控制某些不利的个性，因此，体育运动能培养孩子坚强、勇敢、果断和积极向上等良好品质。最主要的是，体育运动可以让你们有个好的身体，有了健康的身体，你们就能有更好的精力去学习了。在坚持锻炼身体的时候，要注意哪些方面的因素呢？

应知应会

1.运动要适合自己

你们在进行体育锻炼的时候，要选择适合自己身体的锻炼项目。在体育课的时候参加自己喜欢的、有针对性的运动，跑步、打球等，都会让你们坐了一天而疲劳的筋骨得到舒展。如果自己是缺乏耐性的，就选择磨炼耐性的运动，像有氧长跑等。要坚持到室外去锻炼身体，活动筋骨，这样可以促进血液循环，消除肌肉的疲劳。

2.运动时要适量

切记，在运动的时候要适量，不要超过自己身体的负荷量，否则，自己的身体非但得不到锻炼，反而会更加疲惫。在锻炼的时候，当你觉得自己在学习中的疲惫感已经消失了，身体的各个部位已经得到了缓解和放松，就应该马上停止锻炼，让身体得到休息。

3.运动要每天坚持

体育运动是需要长期坚持的项目，不能半途而废。运动是需要每天都进行的，这样才能很好地巩固锻炼的成果，才会有好的效果。经常进行体育锻炼的人，会比一般的人更加乐观和热情。因为体育运动能够增进快乐，帮助人调节情绪，使人产生一种快乐的情绪。

坚持每天锻炼身体，不仅是为了培养一个良好的生活习惯，也是为了形成一种健康的生活方式。你们在学习的时候，需要一个健康的身体来支撑，所以，每天抽出一点时间来进行体育锻炼吧！有好的身体才能更好地学习。

参考文献

［1］汤昕，尤红玲.好女孩，有内涵：培养完美9Q女孩［M］.南昌：江西科学技术出版社，2010.

［2］张嘉雯.4Q教子情式：你一定可以做到［M］.广州：广州出版社，2003.

［3］程灵锟.饭桌上的经济学［M］.北京：团结出版社，2010.

［4］意林图书.AQ逆商培养：笑到最后始为赢［M］.长春：吉林摄影出版社，2011.

［5］才永发.可爱宝贝理财经——财商教育的第一本书［M］.北京：电子工业出版社，2008.